德阳经济高质量发展研究

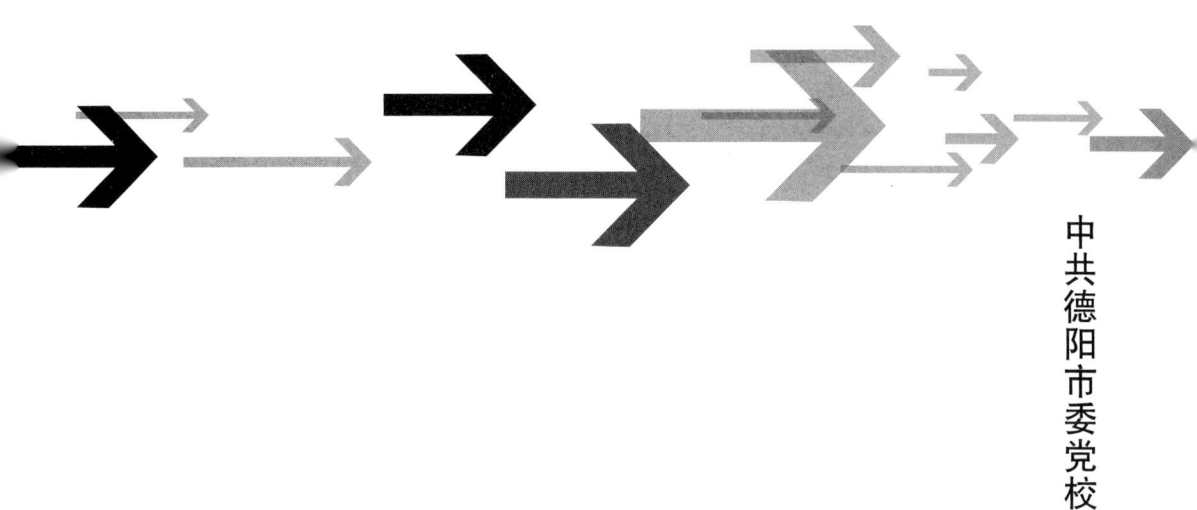

DEYANG JINGJI GAOZHILIANG FAZHAN YANJIU

中共德阳市委党校 著

西南财经大学出版社
中国·成都

图书在版编目(CIP)数据

德阳经济高质量发展研究/中共德阳市委党校著.—成都:西南财经大学出版社,2021.12
ISBN 978-7-5504-5225-1

Ⅰ.①德… Ⅱ.①中… Ⅲ.①区域经济发展—研究—德阳
Ⅳ.①F127.713

中国版本图书馆 CIP 数据核字(2021)第 268640 号

德阳经济高质量发展研究
中共德阳市委党校　著

策划编辑:高小田
责任编辑:高小田
责任校对:雷静
封面设计:墨创文化
责任印制:朱曼丽

出版发行	西南财经大学出版社(四川省成都市光华村街55号)
网　　址	http://cbs.swufe.edu.cn
电子邮件	bookcj@swufe.edu.cn
邮政编码	610074
电　　话	028-87353785
照　　排	四川胜翔数码印务设计有限公司
印　　刷	成都市火炬印务有限公司
成品尺寸	170mm×240mm
印　　张	13
字　　数	175 千字
版　　次	2021 年 12 月第 1 版
印　　次	2021 年 12 月第 1 次印刷
书　　号	ISBN 978-7-5504-5225-1
定　　价	75.00 元

1. 版权所有,翻印必究。
2. 如有印刷、装订等差错,可向本社营销部调换。

《德阳经济高质量发展研究》编委会

主　　　编：潘宗保

副 主 编：李　伟　周世学

编委会成员：杨晓军　殷君霞　朱颖秋　何　勇　彭　柳
　　　　　　柯　萍　朱淑君　刘　丹　侯　蝶　王艺静
　　　　　　曾令贵　罗正祥　郑春燕　刘　建　钟　智
　　　　　　王　丹　王应烈　郑洁予

前　言

党的十九大报告做出了"中国特色社会主义进入新时代"的重大判断，同时指出"我国经济已由高速增长阶段转向高质量发展阶段"，这是以习近平同志为核心的党中央对我国经济发展阶段历史性变化做出的科学论断。进入新时代的中国经济呈现出发展方式转变、经济结构优化、增长动力转换等诸多新的阶段性特征，蕴含一系列新理念、新指标、新要求的"经济高质量发展"无疑是我国经济领域的一场重大变革，其影响的深刻性、广泛性将从根本上决定中国未来的经济面貌和政策走向。唯有把握时代脉搏，围绕高质量发展要求，做出经济发展理论导向和实践取向的创造性回答，才能推动经济发展从中国速度向中国质量迈进。

"不谋全局者，不足谋一域。"为推动实现"经济高质量发展"这一战略目标，党的十九届五中全会在关于"十四五"时期经济社会发展指导思想中指出：要坚持稳中求进工作总基调，以推动高质量发展为主题，以深化供给侧结构性改革为主线，以改革创新为根本动力。在2021年全国"两会"上，习近平总书记进一步指出：立足新发展阶段、贯彻新发展理念、构建新发展格局，推动高质量发展，是当前和今后一个时期全党全国必须抓紧抓好的工作。总书记通过一系列重要讲话向党和国家发出中国高质量发展的"政治动员令"。

"天下大事必作于细，古今事业必成于实。"地方经济建设若落子精准，将牵引高质量发展全局。2018年2月10~13日，习近平总书记来川视察，寄望四川"着力推动经济高质量发展"，高屋建瓴为四川发展擘画蓝图。以此为指引，四川省委十一届三次全会审议通过《中共四川省委关于全面推动高质量发展的决定》，围绕解决产业体系不优、市场机制不活、协调发展不足、开放程度不深等问题出台26条意见，对实现四川高质量发展的政策举措、实施路径、工作机制等进行系统谋划，为推动四川由经济大省向经济强省转变、更好满足人民日益增长的美好生活需要勾画了精准有力的路线图。

上有政策，中有部署，关键之举在于下端的贯彻执行。如何让经济高质量发展落地生根，助推市域转型发展、创新发展、跨越发展，是德阳面临的全新重大时代课题。德阳经济在经历多年高速增长后，正转向高质量发展的新阶段，与全国、全省一样，发展不平衡、不充分的矛盾依然存在，经济总量不大、发展速度不快、产业结构不优、中心城区带动能力不强、新旧动能转换不足、经济外向度不够等制约经济高质量发展的瓶颈亟待突破。立足新时代新要求，只有全面审视、分析问题，才能进一步理清思路、找准定位、精准发力；只有勇于创新、善于攻坚、敢于突破，加快建设现代化经济体系，才能成功打造经济高质量强市。为此，德阳市委以"高质量发展"为主题召开了八届十二次会议，在全面梳理摸清家底、找准问题认清差距、深入调查研究研判的基础上，紧密结合时代特点和市域实际，从"构建高端引领、优势凸显的现代产业体系"出发，为推动经济高质量发展提供可行的"施工图"。"施工图"从"制造业""现代服务业""现代高效特色农业""产业园区"四个产业领域进行设计，突出德阳特色优势与薄弱环节的分类施策，强调新兴产业与传统产业的融合培育，重视城市建设与产业发展的良性互动……为德阳经济高质量发展指明了具体方向。德阳市委八届十四次会议更是把"做优做强支撑成都都市圈高质量发展的重要功能板块"作为德阳"十四五"时期的中心任务，进一步深化了德阳实现经济高质量发展的区域价值和功能意义。

"十四五"时期，是德阳市加快发展实现更高发展目标的重要战略机遇期，成功跨入经济高质量发展行列是现阶段德阳经济发展的重中之重。为辨清高质量发展的时代特征和核心要义，深刻领会进入新发展阶段、贯彻新发展理念、构建新发展格局的丰富内涵，准确把握和认清德阳市经济发展特别是产业发展的现状问题，探寻切实可行的高质量发展路径，中共德阳市委党校发挥地方党委和地方政府智库作用，组织德阳市党校系统教师队伍骨干力量，深入研讨、广泛调研、群策群力、协同攻关，聚焦经济高质量发展关键要素，以产业体系为突破口，对德阳市传统产业、战略性新兴产业、产业功能区、数字经济、现代农业、产业协同、县域经济、文旅产业、营商环境等领域展开研究，形成本著作。

本书的编写工作由中共德阳市委党校校委会统一领导并组织，成立了编写组，潘宗保任主编，李伟、周世学任副主编，杨家林任顾问。主编潘宗保拟定了本书编写体例、框架与提纲；潘宗保、陈池明、杨千玲负责一稿、二稿的统稿、校对、定稿以及组织协调工作；副主编李伟、周世学指导并参与了本书的框架设计和提纲编写工作；顾问杨家林为本书的选题方向和总体思路提供了建设性意见。本书的编写分工如下：第一章由杨晓军编写；第二章由殷君霞编写；第三章由朱颖秋编写；第四章由何勇编写；第五章由彭柳编写；第六章由柯萍编写；第七章由朱淑君编写；第八章第一节由刘丹编写，第八章第二节由侯蝶编写，第八章第三节由王艺静编写，第八章第四节由曾令贵、罗正祥、郑春燕、刘建编写，第八章第五节由钟智、王丹编写，第八章第六节由王应烈编写；第九章由郑洁予编写。

在本书编写过程中，我们得到了德阳市经济技术开发区管委会、德阳市高新区管委会、市发改委、市经信局、市科技局、市农业农村局、市商务局、市文旅局、市政务和大数据局、市经信局、物流港服务中心、市决咨委，以及各县市区相关部门特别是旌阳区经科信局、罗江区政府办、罗江区经济技术开发区管委会、广汉市委办、什邡市发展改革和科技局、绵竹市发改局、绵竹市酒类发展局、绵竹市清平镇政府、中江县委办、中江县农业农村局等单位的大力支持。在此，谨向他们致以诚挚的敬意和衷心的感谢！

在本书即将出版之际，我们深感经济高质量发展给德阳经济带来了太多新的课题和挑战，在推动德阳经济向更高层次的高质量发展迈进的征程中，我们仍然有许多优势需要发挥，许多潜力需要挖掘，许多难题需要破解。在危机中育新机、于变局中开新局，着力推进德阳经济高质量发展任重道远。由于本书各章节论述内容相对独立，编写风格因人而异，编者理论水平和研究能力有限，书中难免存在不足之处，敬请读者批评指正。

编委会

2021 年 12 月

目 录

第一章 德阳传统产业高质量发展 …………………………………（001）
 第一节 德阳传统产业发展现状 …………………………………（002）
 第二节 德阳市传统产业发展存在的问题 ………………………（004）
 第三节 促进德阳市传统产业高质量发展的路径思考
  …………………………………………………………………（009）

第二章 德阳市战略性新兴产业高质量发展 ……………………（015）
 第一节 德阳市战略性新兴产业发展现状 ………………………（015）
 第二节 德阳市战略性新兴产业发展面临的困境 ………………（021）
 第三节 促进德阳市战略性新兴产业发展的对策建议
  …………………………………………………………………（024）

第三章 德阳市产业功能区高质量发展 …………………………（031）
 第一节 德阳市产业功能区建设的总体情况 ……………………（033）
 第二节 德阳市产业功能区建设存在的问题 ……………………（039）
 第三节 推进德阳市产业功能区高质量发展的对策建议
  …………………………………………………………………（043）

第四章 德阳数字经济高质量发展 ………………………………（048）
 第一节 数字经济发展现状 ………………………………………（048）
 第二节 德阳数字经济发展面临的挑战 …………………………（056）
 第三节 德阳数字经济发展目标及实施路径 ……………………（060）

第五章　德阳市现代特色农业高质量发展 ……………… (065)
第一节　德阳市现代特色农业高质量发展的现状 ……… (065)
第二节　德阳市现代特色农业高质量发展面临的瓶颈问题
……………………………………………………… (069)
第三节　德阳市现代特色农业高质量发展的实现路径
……………………………………………………… (074)

第六章　德阳文旅融合高质量发展 …………………………… (081)
第一节　德阳文旅融合发展的现状 ……………………… (081)
第二节　德阳文旅融合发展存在的困难和问题 ………… (091)
第三节　推进德阳文旅融合高质量发展的对策研究 …… (096)

第七章　成德产业协同高质量发展 …………………………… (104)
第一节　成德产业协同发展现状分析 …………………… (104)
第二节　成德产业协同发展面临的挑战 ………………… (111)
第三节　成德产业协同发展的路径 ……………………… (114)

第八章　县域经济转型发展 …………………………………… (119)
第一节　旌阳区县域经济转型发展 ……………………… (119)
第二节　德阳市罗江区玄武岩纤维产业高质量发展 …… (131)
第三节　以改革创新推动广汉县域经济高质量发展 …… (139)
第四节　什邡市县域经济转型发展 ……………………… (149)
第五节　绵竹县域经济转型发展研究 …………………… (158)
第六节　中江县现代农业高质量发展研究 ……………… (169)

第九章　优化营商环境　助力高质量发展 …………………… (182)
第一节　德阳市营商环境的基本情况 …………………… (182)
第二节　德阳市营商环境建设面临的挑战 ……………… (191)
第三节　德阳市优化营商环境的路径思考 ……………… (195)

参考文献 …………………………………………………………… (200)

第一章 德阳传统产业高质量发展

1958年开始，国家三线建设时期在德阳县布局了二重、东电、东汽等重型企业。改革开放后，因三线建设打下的雄厚工业基础，德阳市的重型装备和发电设备具有世界级的影响力，其民营石油钻采设备出口量也长期居全国第一，号称"重装之都"。德阳市的地区生产总值总量曾经名列四川省第二位，进出口规模长期在四川省名列前茅。德阳的代表性产业是以劳动力密集型的、以制造加工为主的行业，被称之为传统产业或者传统行业。

"十三五"时期，德阳市集中全市的智力资源和经济资源，加大要素供给力度，培育三次产业生态，以现代化为目标优化提升产业链、价值链和供应链，加速构建现代化产业体系。至"十三五"末，德阳市全部工业增加值达1 020.1亿元，规模以上工业总产值达3 660.2亿元，均居全省第二位。德阳市规模以上工业企业达1 280户，仅次于成都市，居全省第二，新增主板上市企业2户。德阳市推出的"推动智能制造集群化发展"和"工业稳增长和转型升级"的改革创新举措获国务院通报表扬。同时，德阳市围绕建设全国一流、西部领先的制造强市的目标，大力实施先进制造业强市战略，推动制造业转型升级。突出狠抓"国之重器"，对关键核心技术攻坚克难，形成了一批创新性重大标志性成果，提升了德阳的工业能级和核心竞争力，也填补了国家的相关产业空白。如：东方汽轮机有限公司（以下简称"东汽"）的国内首台具有自主知识产权50兆瓦重型燃气轮机的研制投用；"华龙一号"核电机组60%为德阳造；国机重装的"100千瓦飞轮储能装置"进入产业化研制阶段；德阳为国产大客机C919提供70%锻件；等等。

第一节　德阳传统产业发展现状

德阳市传统产业在全市的经济总量中占有很大比重，处于明显的优势地位，2020 年全市规模以上机械、食品、化工、医药和建材五大传统支柱产业呈"四增一降"的平稳增长态势，除医药行业下降 5.3% 外，其他行业均呈小幅增长状态。

一、机械行业

德阳装备制造产业是德阳的传统优势产业，主营业务收入超千亿，以中国二重、东方电气、航天宏华等为龙头的 44 户重点装备制造企业，在世界范围内均有影响力，其竞争对手均为国际知名的企业，所生产的产品被称为"国之重器"，形成了以重型装备为主，产业门类较为齐全的现代装备制造产业体系，2019 年，全市装备制造产业规模以上企业数量达到 382 家，主营业务收入 1 060 亿元。

德阳的核电设备、大型电站铸锻件、水电机组、火电机组和汽轮机等的市场占有率全球领先，拥有 8 万吨模锻压机、"华龙一号"、巨型水电装备等一批"国之重器"。德阳在航空与燃机、轨道交通、海工装备等高端装备制造领域也有较强的市场竞争力，重型模锻压机设备群装备能力和制造水平居世界第一；具有提供"三峡"级机组设计、制造完整产业链的能力；中国第二重型机械集团公司（以下简称"二重"）的航空模锻件及大飞机模锻件、明日宇航的航天用钛合金钣金热成型产品处于国内领先水平；航天宏华推出的具有行业颠覆能力的独特技术装备如页岩气钻采装备打入美国市场，部分特种技术装备打破俄、美、加的技术垄断。

二、食品饮料行业

优质的自然资源和人文积淀，为德阳市食品工业发展奠定了基础。以剑南春为代表的酒类制造业、烟草业、肉类加工业、粮油加工业等产业，已经形成以什邡烟厂、剑南春集团、蓝剑饮品、益海粮油、雄健实业、泰山食品为代表的食品饮料产业集群。德阳市食品工业的产品以白酒、啤酒、卷烟、精制食用植物油、软饮料、休闲食品等为主，创造了众多国内外知名品牌和畅销产品。2019年，德阳市食品饮料规模以上企业有183户，主营业务收入614.7亿元。

三、新型化工

化工产业是德阳的传统优势产业，经过近五十年的建设和发展，已基本形成以磷矿石开采、磷复合肥生产、精细磷酸盐化工、氯碱化工、高分子材料及天然气化工（合成氨及氮肥）、涂料、化工建材、化工设备生产安装、皮化材料、新兴化工等化学工业体系。受化工行业产能过剩、市场供需矛盾突出、环保督察、绿色发展等因素影响，德阳市化工行业景气指数逐年下降。2019年，德阳新型化工材料产业主营业务收入达339.6亿元。截至2020年12月底，德阳市有规模以上企业133家，龙头企业3家（龙蟒大地、龙佰钛业、金路集团）。

四、生物医药

生物医药产业目前已经成为德阳的一大支柱产业。以丹参、白芍、川芎为代表的中药材资源，为德阳发展现代中药等生物技术产业提供了得天独厚的条件，形成了以蜀中制药、泰华堂制药、逢春制药等为代表的医药生产企业集群，正在建设国家中药现代化生产基地。德阳市现有各类医药生产企业60余家，15家药品制剂生产企业的228个品种列入国家基本药物目录，145个品种列入省级基本药物目录。德阳市医药产业链完整，2019年，德阳市生物医药产业主营业务收入达110.8亿元，实现利润7.68亿元。

五、绿色建材

德阳市建材产业主要以传统建材为主，主要生产水泥及制品、玻璃、砖瓦、新型节能环保墙材、节能门窗及地板、管材、管件、涂料、节能保温材料等，少部分企业利用科技创新与互联网+融合，进入智能家居领域。全市建材产业在发展过程中，稳步保持10%以上的增长速度，通过贯彻绿色发展理念，逐步向绿色建材转型发展。以四川玻纤、信义玻璃、森普管材、利森建材等为龙头的15户重点企业，是德阳建材行业快速发展的主要推动力量。2019年，德阳市绿色建材规模以上工业主营业务收入达361.2亿元，规模以上工业企业156家。

综上，"十三五"期间，德阳市五大传统产业仍然是经济增长的主力军，而装备制造、食品饮料和新型化工行业伴随着产业结构升级、政策导向和市场供需变化等因素呈现一定的波动，增长空间受限，其中化工行业受到的冲击最大，而生物医药发展仍有较大的成长空间。

第二节　德阳市传统产业发展存在的问题

一、发展不充分

德阳工业长期依赖三大厂的格局没有根本性改变，2019年，传统产业占全部工业总产值的比重达77.4%，且产业规模不足，集中度偏低。

德阳装备制造产业因国家产业布局而具备独一无二的特色，其产值超过全省装备制造业的25%，但与制造业领先地区比较，差距巨大。虽然一些行业龙头企业在各自领域占据着较为突出的地位，但还有一些细分领域的企业实力较弱，产业分布较为零散，规模经济效益不突出。总体来说，德阳高端装备制造业中，中小企业比重较大，规模普遍不大，规模经济不显著。这导致许多细分领域企业市场份额较小，特别是与国内同行竞争对手比，差距明显。如在装备制造业产值方面德阳比柳州低 1 322 亿元，比芜湖低 2 033 亿元。东方电气 2017 年主营业务收入 308 亿元，比哈尔滨电气少 7 亿元，比上海电气少 487 亿元。另外，从世界市场的角度来看，通用电气的主营业务收入为 7 692 亿元，西门子的主营业务收入为 6 059 亿元。

德阳市食品饮料企业规模普遍较小，缺乏核心企业，带动能力不强，产业集聚度低，除剑南春、什邡卷烟、益海粮油等十余家企业外，其他企业个体规模较小。与贵州茅台、宜宾五粮液等企业相比，德阳市产业龙头的导向功能，科技创新、加工增值功能，对当地经济发展的带动功能均不强。

德阳市化工企业数量多、规模小、产能布局分散，缺乏科学、统一的规划，化工园区布局和规划、建设和管理水平较低，配套基础设施不健全，同时还存在功能配套难、资源共享难、环境治理难等问题。

二、创新的核心作用不强

德阳市的高新技术行业仅占规模以上工业 7.5%，难以支撑全市工业经济高位增长。五大传统产业整体自主创新能力不强，科技投入整体偏低，工艺设施和技术落后，基础共性技术研究不够，具有自主知识产权的核心关键技术和产品较少，基础材料和关键零部件依赖国外进口，缺乏前瞻性创新技术储备，原创的核心关键技术和产品较少，科技成果转化率较低，科技创新对产业发展的核心引领作用较弱。例如，东汽重型燃气轮机仍有部分核心关键技术未完全突破。思远重工的盾构机关键零部件需要进口，如刀盘驱动系统、特殊刀具、高端轴承等。其他中小企业因自身实力有限，不能承受昂贵的研发费用，拥有自主知识产权的核心技术较少。研发投入方面，德阳 2020 年的 R&D（科学研究与试验发展）投入强度达

2.9%，居全省第二，超过全国的平均数，但与科技创新发达地区深圳的4.93%比，差距明显。

食品饮料类企业科研投入严重不足，人才短缺，重大技术和高端装备全部依赖进口，自主研发水平较低。虽然部分食品公司的快消品牌，有一定的根据市场需求提供技术创新的能力，但总体来说，德阳的食品饮料行业产品层次较低，缺乏工艺原创性，企业很少融入自主创新，工艺升级较少。

生物医药产业既是传统制造业，又是战略新兴产业，各省市均在重点发展，竞争压力巨大。目前，德阳市生物医药产业的快速发展，一方面受制于新药创新能力弱，基础研究能力不足，中药生产缺乏规模，技术不高，质量标准滞后；另一方面高端医疗服务机构严重不足，市场影响力与成都相比，存在明显的代差。

传统建材企业自主知识产权少，不少是通过规模化扩张发展或者是依托国内龙头企业设立的生产基地来发展的。德阳市很多墙材生产企业几乎没有高级技术人员，只有少量的中低技术人员，而且这些人员多为经验丰富的技术工人转变而来，缺乏先进的绿色技术知识。中小企业实力有限，不具备开发绿色建材新产品的能力，而大型企业冒风险投资于新产品的开发的动力不足，导致德阳市整个绿色建材市场开发创新能力低下。

三、发展后劲不足

当前，德阳市经济下行压力加大，传统产业的市场预期偏悲观、投资信心不足、投资热情下降，工投技改项目规模较小、个数较少。成都都市圈呈现出东南向战略支撑明显、北向战略支撑缺失的分化态势，德阳项目招商引资优势在弱化，落户德阳的大项目好项目明显偏少。新招引的工业项目投资进度偏慢、首期投资额度偏小，难以形成新的增长点。

目前德阳市的机械、化工、建材等传统产业产能过剩严重，产品结构矛盾突出，产业效益下滑。德阳市建材产业总体上发展不平衡，水泥等传统建材供过于求，绿色建材发展提升仍缺乏关键技术支撑，生产企业总体规模偏小，仍处于规模扩张的初级阶段。传统化工产业初级产品占比大，精细磷化工产品发展缓慢，主要为中小企业生产，装置规模小，主要集中于少数几种产品品种，产品相同或相似率高，同质化竞争激烈，在影响企业盈利水平的同时也对有限的矿产资源造成了浪费。

四、转型升级压力大

传统产业的龙头企业受体制机制限制，又面临资金、市场、技术、人才等诸多困难，转型难、转型慢，产业结构不完善。

德阳装备制造业为千亿产业集群，在承接全球产业转移的过程中获得了新的发展。但是，整个高端装备制造业的产业链关键环节仍不够完善，高端装备仅占19%，通用航天装备、海工装备、智能装备、轨道交通装备等高端装备还处于起步阶段。在许多领域，重大装备和成套设备还主要依赖从发达国家进口，技术和关键元器件无法实现自给自足，在产业链、产品链上发挥重要作用的生产性服务业刚刚起步，按打造世界级重大装备制造基地的要求，差距很大，产业结构也需进一步升级换代。

德阳市食品工业的精品名牌少，知名度不高，市场占有率低。德阳市虽然培育了剑南春、东方红、蓝剑饮品、益海粮油等国家、省级品牌，但这些品牌在行业之中的地位和作用逐步降低，市场影响力和号召力严重不足。

德阳市绿色建材生产厂家缺乏质量检测手段和质量保障体系。德阳市大多数墙体材料生产企业规模都较小，主要投资于生产设备及厂房建设，只有少数几家颇具规模的生产企业有一定的质量检测设备，大部分小企业普遍缺乏质量检测意识，只盲目注重生产和市场销售。德阳市绝大多数墙体材料生产企业中没有专设质检部门，产品质量主要依赖于技术工人的经验判断。从德阳市建设工程质量检测中心检测数据来看，烧结页岩空心砖的合格率仅为64%，不合格率为36%，而这些不合格产品绝大部分是降级使用。另外，轻质墙体材料泛黄、隔音效果差、裂缝、承载能力差，影响二次装修等也是普遍存在的绿色材料质量问题。

五、二、三产业融合不足

德阳的五大传统产业总体上还是以制造业为主，服务型制造业发展不充分。德阳市食品饮料、生物医药行业精深加工产品少，产业链短，层次低，设备和技术水平偏低，生产工艺落后；产品档次低，进入中低端市场的较多，不能适应快速发展的消费市场的需求。德阳装备制造业协同制造程度较低，大部分企业仍以信息化手段单项应用为主，集成化、智能化不足。

德阳进出口总量连续多年居全省前列，但与发达城市相比，其经济外向度还存在差距。全市进出口总额仅140亿元，且多年在这一水平上徘徊不前，德阳市的经济外向度为5.3%，低于常州26.9个百分点，低于成都22.7个百分点，低于芜湖7.8个百分点，进出口产品的品种与规模开拓能力严重不足。

六、资源、环境的硬约束

德阳市的化工、建材等传统产业仍然属于资源、能源消耗密集型产业，随着生态保护战略的深入实施，各项环保标准将逐步提高，部分企业存在能耗高、排放高、资源综合利用水平低等问题，均面临较大环保压力。

自2013年以来，化工行业固定资产投资增速持续放缓。德阳的新增化工行业固定资产投资基本停滞。一方面，化工行业新增项目的环评、安评等审批更难；另一方面，中小型"散乱污"企业在此轮环保督查中将持续退出，化工资产的存量和增量均受到负面影响。德阳市磷化工产生的"三废"特别是磷石膏堆放对环境造成严重影响，成为环保督察的重点单位。按照九顶山自然保护区生态环境治理和国家大熊猫公园建设的要求，区域内的矿业权，除经自然保护区主管部门同意保留的地热、矿泉水矿业权外，其余采矿业全部退出。这使得磷矿开采企业基本上全部面临清理整顿和关停问题，德阳市磷化工和相关建材生产企业失去了本地资源供应，相关产业链的发展均受到严重冲击。

德阳市绿色建材企业内部管理混乱、政府缺乏产品标准体系指导。以页岩为原材料生产的烧结砖为例，其性能与制作工艺与黏土砖基本相同，其产品与实心黏土砖相似而性能更优，已成为德阳市墙体材料的主导产品。但是页岩是不可再生资源，和黏土一样宝贵，烧制实心页岩砖浪费能源，烧制能耗高，污染环境，而且会破坏土地资源。

第三节　促进德阳市传统产业高质量发展的路径思考

一、转变观念，传统产业应跳出低端产业"魔咒"

传统产业要转型升级，首先要转变观念。传统制造业不等于落后和低端，更不等于产能过剩。相反，传统产业大都是关系到国计民生的产业，如纺织、服装、食品饮料等。它们不仅为社会提供必要消费品，还是稳就业的重要行业，更重要的是它们还是新动能培育的重要来源，如新能源、新材料等很多新兴产业都来自传统产业的转型升级。对于强加于化学工业的错误观念必须纠正，化学工业不是"散乱污"的代名词，未来的绿色化工和精细化工是国民经济不可替代的基础产业。

传统产业完全可以打造成为本地区最亮眼的名片。例如，深圳的时装产业，通过设计创新，加强市场营销，使深圳成为全国最知名的品牌女装集聚地；山东曹县因搭上电商快车而声名鹊起，被称为"北上广曹"，但其主导产业不论是汉服还是木制品，都是传统产业的升级换代。欧洲是现代工业的集聚区，但法国却以"三种水"而闻名，其香水、葡萄酒以及依云矿泉水无一不属于传统产业。

德阳市的传统制造业要从中低端迈向中高端，必须注重与数字经济的"两化融合"。通过传统产业数字化与数字产业化转型，传统制造业有着极大的发展空间。可以说，改造提升传统产业，关系着推动制造业高质量发展的全局。机会稍纵即逝，加快传统制造业转型升级步伐，全力冲刺，既要打造万亿装备制造业集群，又要打造先进制造业的全新产业链和价值链，这样德阳才能在保持工业经济优势的同时，推进三次产业链结构的调整和升级。

二、大变革带来大机遇，传统产业应主动转型升级

近年来，国家的战略重心向西部倾斜，德阳市应抓住机遇推动传统产业转型升级。一是抓住创新型城市和全面创新改革示范区建设的机遇，协同成、渝、绵的国家科学城建设，加快科技成果转移、转化，促进产业发展总体迈向中高端，形成一批具有国际影响力、拥有知识产权的创新型企业和产业集群。二是抓住实施"一带一路"倡议的契机，积极融入"一带一路"建设，加快构建对外开放新格局，推动本地区加强国际产能合作，推进德阳企业和产品"走出去"。三是抓住国家大力推进制造业转型升级的重要机遇，以信息技术推进智能制造为主攻方向，促进产业转型升级。四是抓住国家成渝双城经济圈战略机遇，融入成都都市圈，共同打造"一极两中心两地"，建设临港经济区、打造临港产业带，黄许物流港与青白江物流港要共建西部内陆开放的门户枢纽，成为成都都市圈的北部增长极。

三、提升品质，打造"德阳制造"的高端品牌

推动传统产业的发展模式向质量效益型转变，推动生产方式向绿色低碳转变，大力发展以智能制造为核心的高端制造业，推动传统产业布局向协调集聚转变，实现传统产业规模化、高端化、品牌化转型，把德阳打造成为国家的以"智能化、数字化"为特征的现代产业发展示范区。

（一）生产制造向智能化、个性化转变

传统产业普遍竞争优势不足，比较优势以及后发优势正逐步消失，市场订单会进一步向有优势的企业集中，订单已经很少、处在边缘状态的企业将被淘汰。积极推进全产业链工业互联网赋能转型，运用云计算、大数据、物联网、区块链和5G技术为传统产业赋能，广泛应用大规模个性化定制模式，提升智能化制造、柔性化制造水平。

以先进制造业与现代服务业双向融合发展示范区建设为引领，鼓励企业分离和外包非核心业务，支持国机重装、东电、东汽、宏华等龙头骨干企业向集成服务商、系统解决方案提供商转型。

（二）产品供给向品牌化、高端化转变

提升企业核心竞争力。培育"专精特新"企业、"单项冠军"示范企业、"隐形冠军"企业、"瞪羚"企业和"独角兽"企业，全面提升企业的品质品牌。鼓励企业主导或参与制定、修订国际标准、国家标准和行业标准，支持终端产品制造企业发展本土品牌。

推进产业高端化，统筹传统产业改造和新兴产业培育，超前布局高端装备、通用航空、新材料、节能环保等战略性新兴产业，推动产业链、价值链、供应链向中高端迈进。

（三）产业生态向特色化、时尚化转变

打造独具特色的地理标志产品、中华老字号等特色优势产品，更加突出科技赋能、设计赋能，全方位提升推动传统产业时尚化水平，产业链条更加完善，发展生态更加优化。德阳应以国际消费城市、公园城市建设为契机，以创意、设计、创新、品牌为核心，融合文化、科技、艺术等要素，制订时尚产业高质量发展行动计划，打造既有地方特色，又符合时代潮流的高端综合性都市型产业。例如，调味品大王海天味业市值最高突破6 000亿元，超过中石化，被戏称为"卖石油不如卖酱油"。德阳要将中江挂面、德阳酱油、什邡雪茄等地理标志性品牌打造成为一、二、三产业融合发展的现代化产业链，寻求更大的市场空间。

(四) 产业布局向规模化、集成化转变

推进产业集群化，以"三图一表"为指南，分领域分行业细化发展思路。依托行业龙头企业"建链、补链、强链"，推进集中集群发展。坚持"一县一园区、一区一主业"，建设大板块产业集聚区，提升传统产业的产业规模、创新能力、品牌影响力、生产效率、集约化水平。新培育国家级特色产业基地3个，新认定市级重点工业产业集聚区1个，各产业形成配套比较完善的产业链。

推动产业功能区创新发展、集约发展、专业发展，构建高质量企业梯队。实施企业雁阵培育计划，建设大企业大集团，打造一批"头雁企业"，壮大"大雁企业"队伍，支持小微企业上规入统，培育"雏雁企业"。机械、食品和化工三大传统优势行业之所以能够支撑德阳工业经济，就是因为有东汽、东电、二重、龙莽、什邡烟厂、剑南春等一批龙头企业的引领。对于其他行业，要注重培育龙头企业，促进行业做大做强。

(五) 推进传统产业的国际化

用好用活自贸改革协同区、国家级跨境电子商务综合试验区等政策，加快推进保税物流中心等建设，推动德阳产品进入"一带一路"沿线国家和地区，建设"一带一路"国际产能融合发展示范区，提升"德阳造"在国际市场的影响力。

四、全方位发力，为传统产业转型赋能

德阳产业转型升级要集中人才、资金、土地、技术等要素资源，重点突破、整体推进，不断增强产业的核心竞争力和可持续发展能力。

(一) 制定工业发展中长期发展规划

结合传统行业优势、特色，做实、做细各行业发展方向和合理定位，明确短期目标和长期目标，有计划、有步骤地实施。

(二) 合理布局产业体系

以德阳经济技术开发区、德阳市高新技术产业园区，以及各县

工业园区为载体，打破行政区域限制，以德阳市行业发展总体要求，形成各行业产业及企业的聚集，培育各具特色的产业园区。

（三）培育新的产业增长点

围绕发展潜力大、带动性强的高端装备、新材料、新能源汽车等新兴领域，以项目为龙头，实施产业链升级工程，促进新兴产业发展和高新技术产业化，加快推进高端产业规模发展壮大。

（四）建设科技成果转移转化示范区

探索"研发+制造""总部+基地"新模式，推进四川区域协同发展（德阳）总部基地建设，建立研发"飞地"服务向重点产业倾斜，打造体系化发展的产业格局。一是进一步鼓励产学研一体化，以创新为核心促进有浓郁地方特色的传统产品升级换代；二是通过电商平台，建设传统特色产品街、开展直播带货和网店直销、参与国内外有影响力的展会等，提升"德阳制造"的影响力和品牌竞争能力；三是支持各县市区围绕本地传统产业基础和优势，倾力打造特色产业集聚区和产业集群，推动德阳五大传统产业向产业化纵深发展。

（五）加强要素保障

重点加强传统产业用地、用人、用电、用气等方面的协调。在建设用地保障、金融精准对接服务、人才引进支撑体系、企业做大做强等方面，重点扶持传统产业的发展。抓好电力供应保障，优化电力调度，加强有序用电和电力需求管理。认真落实天然气供需衔接预案，在迎峰度冬保民生的同时，努力保障工业用气，确保重点企业用气。

五、精准施策，加快公共服务平台建设

（一）落实领导联系指导产业机制

主要领导要联系指导产业发展。落实规划编制、项目建设、企业服务等产业全生命周期管理，构建全市上下一盘棋、齐心协力抓传统产业转型升级的工作格局。

（二）依托产业链招商

细化产业发展方案、抓好产业链招商、抓好供应链配套、推进重大项目建设、解决要素瓶颈制约、督导工作任务落实。依托产业链招商，推动产业聚集，获取集聚效益，实施精准招商、产业链招商、以企招商，形成产业、技术、资源的综合集聚效应。

（三）突出政策支撑作用

集中发力推进传统产业实力跃升，组织企业参加各类展览展销会和电子商务活动。政府采购、市政工程（设备）招标同等条件下优先考虑本地企业。一是制定和实施综合奖补政策，鼓励传统产业企业开展数字化转型、智能化升级。二是加强"德阳智造"宣传，在重大节会活动设立专柜、专栏、专区推广。三是围绕各县市区特色传统产业，整合资源，发挥行业协会、展会平台、园区平台的综合服务功能，提升传统产业的承载力和影响力。

（四）资源向重点产业汇集

坚持全市统筹，优化资金、土地等资源配置，设立产业转型升级专项资金。市级财政和各县市区加大资金投入，统筹设立传统产业转型升级专项资金，用好用活国家和行业的各类产业专项资金，促进传统产业转型升级。

（五）深化"一企一策"帮扶

把为企业排忧解难工作落实到位，对生产经营困难的企业逐户排查，分类指导，有针对性地帮助企业解决实际困难和问题，研究针对性措施，狠抓企业扭亏为盈，提升企业的发展动力。

第二章 德阳市战略性新兴产业高质量发展

战略性新兴产业是以重大技术为突破、重大发展需求为基础，对经济社会全局和长远发展具有重大引领带动作用的知识技术密集、物质资源消耗少、成长潜力大、综合效益好的产业。战略性新兴产业包括新一代信息技术产业、高端装备制造产业、新材料产业、生物医药产业、新能源汽车产业、新能源产业、节能环保产业、数字创意产业、相关服务业九大领域。从国家层面看，发展战略性新兴产业是面对新的国际竞争形势所做出的必然选择，是我国实现产业转型升级的必要条件，是走新型工业化道路的必经之路，是实现区域协调发展的内在需要。从地方层面看，发展战略性新兴产业是四川省贯彻落实成渝地区双城经济圈建设战略部署、加快建设高质量发展增长极和动力源的实现路径，是德阳市对省委"建设制造强省，把发展特色优势产业和战略性新兴产业作为主攻方向"要求的认真贯彻落实，是提升德阳城市竞争力和区域带动力的必然选择。

第一节 德阳市战略性新兴产业发展现状

目前，德阳市以通用航空、轨道交通、新材料、新能源、节能环保为主的战略性新兴产业规模初步形成，战略性新兴产业占工业的比重达 22.6%，对经济发展的推动力逐步增强。

一、积极推进战略性新兴产业发展

（一）提前谋划、科学布局

2010年，国家提出战略性新兴产业概念，德阳市于2011年开始布局战略性新兴产业，在中央、省、市对培育发展战略性新兴产业持续释放利好政策的大环境下，德阳市紧扣中央七大战略性新兴产业、省委七大战略性新兴产业发展方向，主动抢抓全面创新改革、成德同城化等重大历史机遇，结合德阳实际，重点培育高端装备制造、新能源、新材料、生物医药、节能环保五大战略性新兴产业。2015年，德阳市着力在战略性新兴产业集群上下功夫，形成了以经济技术开发区为主的千亿元重装产业链条，以广汉高新区为主的通用航空产业基地，以德阳市经济技术开发区和德阳市高新区为主的战略性新兴产业基地。2018年，德阳市出台《德阳市工业"十三五"规划》，围绕工业转型升级，提出坚持市场主导、企业主体、创新驱动、重点突破、示范应用、引领发展的原则，大力培育战略性新兴产业，并进一步提出到2020年，战略性新兴产业主营业务收入达到1 500亿元以上，占规模以上工业主营业务收入的比重达到30%。

（二）搭建平台、打通堵点

为促进战略性新兴产业更有力发展，德阳市在政企合作、产学研合作上打通了发展的堵点。在政企合作上，德阳市积极对接省级政府平台和大型金融机构资源，设立产业发展"基金群"；建立新兴产业项目代办秘书制，与重点企业建立常态化联络机制，及时解决企业困难；搭建新兴产业发展服务平台，为战略性新兴产业企业提供项目落地、产学研合作、人才引进、政策咨询、信息和中介等全方位服务；加大创新创业孵化力度，建设了一批"孵化+创投""互联网+"等新型孵化器，打造了"孵化器—加速器—产业化基地—专业园区"的完整孵化链条。在产学研合作上，引入高等院校、科研机构,与企业建立产学研协同创新联盟;紧抓全省人才优先发展试验区建设契机,建立健全人才引进、子女就学、住房保障等制度,吸引各类人才到德阳市创新创业,通过控股、参股等方式,将科研团队、领军人才与高新企业紧紧捆绑在一起;成立了四川省石墨烯产业技术创新联盟,目前已有40余家企业和科研院所、高等院校加入,石墨烯的五个应用方向均落实了合作企业;支持烯碳科技、威旭锂电等企业采用参股、控股、合作等方式,将产品制备与下游应用紧密结合,帮助企业打通产品研发、生产、市场全通道。

(三)组建基金,扩大规模

围绕五大战略性新兴产业发展,德阳市积极组建发展基金,发挥财政资金和政府资本杠杆放大效应。德阳产投集团经德阳市委、市政府批准,设立了两只产业母基金,包括总规模5亿元的德阳市产业转型升级发展投资基金、总规模20亿元的德阳市节能减排投资基金。引进企业与德阳市产投集团合作,建立2亿元德阳市腾阳新兴产业投资基金、2亿元石墨烯产业发展基金。与四川发展控股公司开展战略合作,成功设立规模为50亿元的四川高端智能制造发展基金,助推智能制造产业集群化发展。德阳经济技术开发区与重庆榆钱儿股权投资基金管理有限公司设立总规模10亿元的新兴产业投资基金,致力于发展高端装备制造、新能源、新材料产业。

二、德阳市战略性新兴产业发展成效

(一)企业技术水平领先

在高端装备领域,拥有8万吨、4万吨、2万吨系列模锻压机设备群生产线,装备能力和制造水平世界第一;具有提供"三峡"级机组设计、制造完整产业链的能力,巨型水电及核电装备研制水平与世界平齐;二重的航空模锻件及大飞机模锻件、明日宇航的航天用钛合金钣金热成形产品处于国内领先水平;航天宏华已具有国际级石油钻采装备制造业海洋装备技术研发制造的能力和水平,"极光"号超低温钻机打破了俄、美、加的技术垄断。在先进材料领域，玄武岩纤维实力较强，川纤集团 3 万吨连续玄武岩纤维池窑生产线已经点火，满负荷生产之后将成为全球最大的玄武岩纤维生产基地；烯碳科技是国内最早掌握"新材料之王"石墨烯规模化制备技术的高新技术企业之一，2016 年 7 月年产 30 吨石墨烯粉体制备生产线就已经投产；慧谷锆业使用了上海交大具有自主知识产权的独创的工艺和配方，掌握了 1 000 升量级的反应釜生产纳米氧化锆粉体的稳定性技术，各方面指标均已达到国际先进水平，部分指标超越该领域世界领先企业日本东曹公司。在新能源领域，威旭锂电是世界第一家掌握"水热法磷酸铁锂制备工艺"的企业，也是国内唯一一家拥有该技术的企业，磷酸铁锂产品的高电压、长寿命、低成本性能国内领先，2016 年国内首条量产 1 500 吨水热法磷酸铁锂/磷酸锰铁锂生产线建成投产；德源电气的电池故障检测方法是世界三大电池故障检测方法之一，技术处于世界领先水平，其与威旭锂电共同研发的超低温、高放电磷酸铁锂启动电池解决了我国在该领域"卡脖子"的问题，有望替代铅酸蓄电池，并可用于高原低温区域。在生物医药领域，现有各类医药生产企业 60 余家，有以依科制药、逢春制药、美大康等为龙头的重点企业 12 户。德阳市生物医药领域企业已取得新版药品 GMP① 证书 37 张，共有药品批准文号 937 个，新药证书 34 张，拥有全国独家品种 33 个。全市有 15 家药品制剂生产企业的 228 个品种列入国家基本药物目录，145 个品种列入省级基本药物目录。

（二）产业规模逐步扩大

高端装备领域逐渐形成研发设计、材料、零部件、整机、应用及服务全生命周期链条，并拥有占据产业链关键环节的龙头企业，如以中国二重、东方电气、航天宏华等为龙头的 44 户重点装备制造

---

① GMP 一般指《药品生产质量管理规范》。

企业，形成了以发电设备和油气钻采设备制造为主，产业门类较为齐全的现代装备制造产业体系。在先进材料领域，全市有规模以上企业81家，其中龙头企业5家（三星新材料等）、骨干企业5家、优势企业4家，在锂电池材料、玻璃纤维、玄武岩纤维、石墨烯领域均有布局。在新能源领域，一批中小企业蓬勃发展，拥有威旭锂电、德源电气、致远锂业、特能威新能源、盛新储能科技等一批优质企业，产品涉及锂电池正极材料、锂电池启动电源、储能系统、锂电池包等，特别是威旭锂电，其研发技术达到国内领先水平，在锂电池正极材料领域属于行业佼佼者。在生物医药领域，拥有完整的产业链，包括药材种植、原材料加工、产品研发、药品生产、商业流通、医疗保健等不同领域，通过重点发展现代中药等生物技术产业形成了以蜀中制药、泰华堂制药、逢春制药、美大康药业等为代表的特色中成药生产企业群，成为国家中药现代化生产基地。在节能环保领域，形成了高效节能锅炉、太阳能光热发电、生物质发电、垃圾发电以及水污染防治装备等门类较为齐全的节能环保装备制造产业。特别是节能环保装备产业，该产业持续较快增长，开发了一批具有较高推广价值的高端技术，培育了一批竞争优势明显的骨干企业，具有较好的产业技术基础。

（三）产业布局日趋合理

随着产业体系不断完善，产业链延伸拓展，区域特色逐步显现，产业布局日趋合理。德阳市以全市十个产业园区为载体，充分发挥各区县优势，优化产业集聚要素。市区层面：德阳经济技术开发区以高端装备制造（含应急装备、节能环保装备）、新能源为主导产业，重点支持新材料、汽车制造等相关产业的发展；四川德阳旌阳高新技术产业园区以新材料（含石墨烯）为主导产业，重点支持新能源汽车、电子信息（智能终端）等产业发展。广汉市：德阳高新技术产业开发区以油气装备、通用航空等高端装备制造为主导产业，重点支持生物医药（含医疗器械）、新一代信息技术等相关产业的发展；广汉工业集中发展区以装备制造为主导产业，重点支持新材料、医药食品等产业的发展。什邡市：什邡经济开发区重点发展高端装备（通用航空）产业，大力发展医药食品、轨道交通等产业。绵竹市：绵竹经济开发区以新材料为主导产业，积极发展生物医药、精细化工等产业；德阿（绵竹）生态产业园区以新能源、新材料为主导产业，积极发展汽车制造、节能环保等相关产业。罗江区：罗江经济开发区以新材料为主导产业，积极发展电子信息、装备制造及军民融合相关产业。中江县：四川中江高新技术产业园区、成德（中江）工业园以电子信息为主导产业，重点支持绿色食品、生物医药等产业的发展。

（四）创新体系逐步形成

总体来看，德阳市拥有市级以上重点实验室 22 个（国家级 1 个、省级 3 个），市级以上工程技术研究中心 33 家（省级 8 家），院士专家工作站 62 个（国家级 3 个、省级 9 个），国家级企业技术中心 7 个，国家级科技企业孵化器 1 家，国家级众创空间 2 家，省级产学研技术创新联盟 5 个。具体来说，上海交大德阳先进材料研究中心、北京化工大学德阳技术转移中心、德阳西门子装备智能制造创新中心等实体平台先后落地。德阳市与四川大学共建"四川大学德阳产业技术研究院"，近三年与四川大学、上海交大、中科育成实施合作项目 104 项；与中科院共建"德阳中科先进制造创新育成中心"，促成成果转化项目 60 余项，带动企业投入 1.86 亿元。德阳市鼓励全市企业在市域外建设"飞地"研发机构，支持市外高层次人才及其团队在全市企业设立实验室、研究院、中试基地、教学培育基地等，开展联合攻关和成果转化。

第二节　德阳市战略性新兴产业发展面临的困境

鉴于战略性新兴产业发展科技性、创新性、高端性的特征，德阳市基于自身发展条件，在实际推进过程中，受要素禀赋、产业结构、制度环境等方面的制约，战略性新兴产业发展面临诸多困难。

一、产业发展层面

(一) 产业整体实力不强

一是与国际、国内一流企业相比，龙头企业竞争优势较弱，缺乏对产业发展具有战略意义的标志性企业。同时，龙头企业的带动能力弱，对产业链上中小企业的支持力度不够，尚未形成龙头企业带动、骨干支撑企业和中小企业共同发展的产业格局。二是配套企业"不精不尖"，大多数配套企业都是粗加工生产，处于价值链的底端，无法提供高性能、关键性的基础件、通用件和特种原材料。同时，配套企业之间由于技术和装备上的趋同性，导致产品市场趋同和竞争无序。三是整体来看，德阳市大部分企业为中小企业，规模偏小、产品档次低、品牌知名度不高，企业处于产业链中低端，市场竞争力不强。

(二) 产业集聚度偏低

没有充分形成布局集中、特色鲜明的产业链和产业集群；产业链纵深发展不够，企业配套能力不强，导致产业综合竞争力弱、成套能力弱、服务水平较落后，市场份额面临被竞争对手蚕食的风险。如高端装备制造业协作配套体系不完善，生物医药产业规模偏小、缺乏有引领带动作用的龙头骨干企业，新材料产业布局分散、集约化程度不高，新能源产业尚处于培育发展阶段，系统集成能力不强，节能环保产业仍是单个产品生产，未向产品上下游延伸，未形成产业聚集。

(三)产业发展环境差

德阳市大部分战略性新兴产业企业位于工业园区内,大部分园区单一发展工业的模式,导致其城市建设落后于工业发展,产业区的城镇化功能不健全,面临经济发展"孤岛化"的困境,存在"有产业无城镇"的问题。一方面,由于生产性服务配套缺失,物流、研发、金融等服务滞后,企业面临"单打独斗"的局面,生产、经营、成本大幅提高且效率降低。另一方面,德阳市基础公共设施不完善、生活功能缺失,对人才的吸引力减弱,导致产业转型升级的内生动力不足。

(四)产业人才严重匮乏

调研发现,人才缺乏是影响德阳市战略性新兴产业发展的重要因素。一是部分企业正在从自动化向数字化、智能化转型,但缺乏有国际视野、行业经验、市场领先意识的综合性行业领军人才。二是相较于成都等较发达城市,德阳在行业发展、生活便利性等方面的劣势导致城市整体吸引力不足,高端人才、年轻人才引不来、留不住。三是企业人才结构失衡,表现为技能、技术、科研等生产相关人才分层、断层情况较为突出,财务、营销、金融等经营管理人才严重短缺,企业招聘有工作经历、有技能的年轻人较为困难。

(五)产业园区发展滞后

一是产业园区内,战略性新兴产业发展趋同,装备制造、新材料、新能源均有分布,产业结构相似度高。二是工业用地效率不高,存在用地需求大、签约项目无土地指标与停产企业土地长期闲置的矛盾。三是缺乏公共服务平台,研发设计、检验检测、教育培训等公共服务机构只集中在少数几个园区,不能满足企业创新发展的需求。

二、企业发展层面

(一)自主创新能力弱

大部分企业缺乏拥有自主知识产权的核心技术,不少行业存在产业技术空心化的危险。企业自主创新能力薄弱，已成为制约德阳市战略性新兴产业发展的瓶颈。具体表现在：一是基础共性技术研究不足，自主知识产权、自主设计的高端产品少，基础材料、关键零部件依赖进口，企业习惯于走"引进—消化—吸收"的路子，缺乏原始创新。二是企业创新意识不强，创新动力不足，技术研发投入不足，着眼于研发"短平快"的项目，期望短期获得收益，导致产品特色不突出，多为初始或中间产品，处在产业链的底端。三是产学研合作深度不够，停留在"广撒网"阶段，在新兴产业细分领域的挖掘不够、渗透不够，未能结合市场需求，深入分析产业发展的潜力。同时，产业的成果转化能力不强，技术成果转化成产品的难度较大。

（二）市场导向意识弱

一方面企业的研发和转化模式呈现单向性特征，即科研人员寻找项目、进行研究、联系企业转化，这种模式对科研人员的市场调研能力要求较高，但实地调查了解到，德阳市部分战略性新兴产业企业的科研人员缺乏对市场的深入调研，研发的产品不能很好地契合市场需求，存在价格过高、市场运用率低等问题。另一方面，企业研发的优势产品宣传推广力度不够，市场知名度低，且技术人员在与市场对接过程中，缺乏沟通技巧和市场拓展能力。因此，虽然这些产品技术领先、产品质量过硬，但是仍被竞争对手抢先一步占领市场。

（三）企业融资能力弱

德阳战略性新兴产业企业普遍规模较小，融资能力和抗风险能力弱。一是企业资金需求上呈现出"资金需求少、使用周期短、需求时间急"等特点，这导致从金融机构融资的成本较高。二是企业生产经营极易受市场环境等影响，核心技术缺乏、产品单一、管理滞后等原因，导致企业偿债能力弱，削减了企业信誉度，贷款难度增大。三是企业可抵押资产、可控资源少，且缺乏从资本市场获取资金的能力，直接、间接融资均较为困难。

第三节　促进德阳市战略性新兴产业发展的对策建议

一、培育产业发展动能，提高自主创新能力

（一）强化自主创新平台建设

推进新兴产业综合体建设，打造以集培训教育、科研孵化、创意文化等功能为主体的专业化新兴产业创新载体。鼓励企业建立高层次、专业性的技术研究中心、工程中心等，支持龙头骨干企业建立重点实验室，突破一批制约产业发展的关键核心技术，逐步提高企业技术创新水平。如德赛尔化工是中国皮革和毛皮化学品的重要制造商之一，也是德阳市新材料行业的高新技术企业，可支持和引导其建设公共研发中心，弥补单个企业研发能力不足的问题。

（二）强化产学研合作

推进战略性新兴产业企业、高校、科研院所等创新主体在坚持"利益共享、风险共担、优势互补"的基础上，积极发挥高校和科研院所的科技先导作用，鼓励引导企业以项目合作、研发等方式，加强与重点院校和科研单位的合作，建设科技成果转化中心。探索建立飞地研发中心，支持企业在高端人才聚集度高的发达地区建立研发中心，走出一条"人才在外地、科研为德阳""项目在异地、产业在德阳"的合作路径。如"德阳先进材料联合研究中心"的研发中心可建在上海交大医学转化大楼，依托国家级的医学科研平台为旌阳区企业服务，即上海交大技术团队制订研究计划、按需聘用专职研发人员，技术成果由旌阳区与上海交大共享，产业化成果优先在旌阳区落地。为项目配置既了解高校学科重点、科研成果又熟悉旌阳区产业发展、地方政策的科研经纪人，消除产学研合作中双方信息不对称带来的弊端，提高合作的成功率。

（三）强化产业链协同创新

针对产业关键共性技术突破、高端化、智能化转型升级等难

点、痛点，采取"政府政策+龙头企业+融资担保+产业链中小企业"的模式，开展产业链协同创新。在技术研发、产品设计、制造服务等方面加强上下游合作，集聚各种创新资源，提高产业配套服务能力和水平，实现以产业链部署创新链、供应链，实现优质资源协同共享，建立覆盖产业发展全链条"纵向贯通、横向多元"的协同创新体系。

二、提升产业发展能级，培育产业集群

（一）发挥龙头企业带动作用

筛选出一批规模大、带动能力强的企业进行重点培育，在技术研发、项目申报、知识产权、人才培育等方面给予扶持，鼓励其围绕上下游产业链进行兼并重组。鼓励龙头企业与产业链上的中小企业紧密联系，建立战略联盟，相互参股，共同发展。同时引导研发、设计、检测、物流、金融等生产性服务机构和中介机构围绕龙头企业向产业带集聚发展，形成完整、立体、模块化的产业形态。

（二）壮大本土配套企业

转变本土配套中小企业发展理念，引导中小企业加大研发投入，促进与高校、科研机构的深度合作，推动与产业链龙头企业联合研发，提升企业的创新能力，丰富产品门类、优化产品质量，提高配套能力。积极引导中小企业通过嫁接、兼并、合作等手段扩大企业规模，延伸企业配套半径，增强配套实力。为中小企业搭建发展平台，正向激励战略性新兴产业企业走出去，参加国内外各类展览展销活动，鼓励企业进行市场考察拓展、了解行业发展情况，助力企业市场拓展。

（三）突出产业招商引领

围绕德阳市具有比较优势的战略性新兴产业的核心企业主导产品及其上下游产品，引进和建设一批重大高新技术产业项目。寻找和弥补新兴产业链的薄弱环节，明确产业招商方向、思路、方法，进一步建链、补链和强链，实现产业的断层缝合、空白填补、结构

调整。瞄准与德阳市产业关系密切、能够填补产业空白的区域，锁定潜在目标企业、机构或领军型人才，开展"一对一"招商和"点对点"对接，形成一个规划合理、协作完备、物流高效的产业集群。

三、增强产业发展后劲，强化高端人才支撑

（一）加强本土人才培养力度

与高校、龙头企业合作，开展订单式人才培养。依托高校及科研院所，以重点学科为载体，努力培养一批掌握战略性新兴产业前沿技术的高端人才；依托骨干企业，以重点项目为载体，结合产业发展需求，培养一批操作能力强、实践经验丰富的高端技术人才；实行产教融合，支持企业与四川工程职业技术学院、四川建筑职业技术学院等开展合作，采取定向培养人才模式，培育战略性新兴产业发展需要的专业技术人才，依托职业教育的师资优势，在战略性新兴产业企业中开展技能培训，提高从业人员的基本能力和素质。

（二）加大人才引进力度

设立专项资金，引进一批"带项目、带技术、带资金"的科技领军人物和领军团队，探索高端人才以技术、管理等方式入股的激励模式，全面调动其干事创业的积极性。完善配套政策、环境和服务，确保引进人才的科研资金、住房补贴、异地安家补助、子女就学和配偶就业等优惠政策实施到位。建立以能力和业绩为导向的人才晋升渠道，对优秀人才从物质和精神方面给予奖励。

（三）营造人才吸引良好环境

完善"聚才、育才、惠才、暖才"人才服务体系，建立战略性新兴产业企业人才服务网络平台，重点为新兴产业龙头企业和配套企业提供人才交流服务，针对企业人才培育的痛点、堵点，精准开展人才招聘、培训学习、行业人才对接等服务。

四、优化产业发展环境，营造良好发展生态

（一）推进产业载体建设

优化配置园区资源，增强园区要素聚集，支持建设战略性新兴产业聚集发展基地。推动工业集中区向产城融合的城市新区转型，实现区域内的产业协同和质量升级同步发展。树立以人为核心的城市发展理念，打造宜业宜居的发展环境。配套完善园区基础设施建设，建设安全、高效、便利的生活服务和市政公用设施网络体系，针对产业发展不同阶段面临的关键要素瓶颈，建立完善的商贸、金融、物流、研发等服务载体，形成动态平衡。

（二）优化营商环境

着力转变政府职能，深入开展效能建设，积极构建优化产业发展环境的长效机制。如全程服务机制、园企沟通机制，并实行限时办结制、一站式办结制等制度。广泛调研战略性新兴产业扶持过程中的投入、生产及市场变化等情况，进行全方位定期跟踪和必要的扶持。适时研究和制定促进战略性新兴产业发展的政策和措施，提高政府的宏观指导和产业服务的效能。对率先突破发展的战略性新兴企业、重点项目，在用地指标、土地扶持、财税支持、人才引进、要素保障等方面给予政策扶持。

（三）规范和完善市场秩序

建立公平公正的市场竞争机制，鼓励中小企业进入战略性新兴产业，进一步放开社会资本的市场准入门槛，鼓励社会资本投资发展战略性新兴产业。加强对市场主体的监督和管理，完善相关法律制度和行政规范，从战略性新兴产业企业的审批、自主品牌保护、产品检测等方面，形成全方位多管齐下的管控。加强知识产权保护工作，切实保护我市战略性新兴产业领域的重大科技成果和专利技术。

五、保障产业发展资金，拓宽投融资渠道

（一）引导社会资本投入

结合发展实际，充分发挥财政资金的杠杆撬动作用，调动社会资本投资积极性，推动设立政府资金引导、金融机构大力支持、社会资本广泛参与、市场化运作的战略性新兴产业发展基金。鼓励有实力的社会资本结合德阳市战略性新兴产业发展和投资情况规范有序设立产业投资基金。主动对接国家、省产业基金，用好德阳市产业发展等基金，支持战略性新兴产业优质项目建设。

（二）拓宽金融服务

支持战略性新兴产业企业通过股权质押、知识产权质押、动产质押等方式向金融机构进行融资。组织企业与金融机构面对面开展融资对接，帮助其整合产业链上的资源，为其提供全链条、全方位的金融服务。逐步建立起战略性新兴产业的供应链金融服务平台，引导银行、证券等金融机构以产业链的核心企业为依托，根据物流、资金流等信息，有针对性地提供应收账款、订单、仓单、存货质押融资等金融产品。积极引导和支持符合条件的战新企业发行公司债券、企业债券等，支持有条件的企业上市融资。

六、提高产业发展韧性，大力发展生产性服务业

（一）破除行业壁垒

进一步放开生产性服务业领域市场准入，进一步减少生产性服务业重点领域前置审批和资质认定环节，营造公平的竞争环境，鼓励社会资本以多种方式投向金融服务、现代物流、信息服务、科技服务、设计创意、专业服务、电子商务等生产性服务业。

（二）促进生产性服务业要素向园区聚集

充分发挥园区的集聚带动作用，通过规划布局、政策引导和必要的财政支持，促进生产性服务业各类要素向园区集聚。以功能区、集聚区建设为载体，实现园区化管理、专业化服务和社会化、

市场化运作新机制。围绕服务业发展方向和集聚区建设，着力打造研发设计、创业孵化、股权交易、大宗商品交易、金融后台等领域公共服务和交易平台。

（三）加大财政扶持力度

加大财政对生产性服务业的资金投入，综合运用贷款贴息、经费补助和奖励等多种方式支持重点行业、关键领域和薄弱环节发展。落实好营业税改征增值税、所得税减免等税收政策，支持研发设计、检验检测认证、节能环保等科技型、创新型生产性服务业企业申请认定为高新技术企业，享受企业所得税优惠税率。

七、提升产业发展质效，促进两化融合

（一）推进"互联网+"的运用

抓住"互联网+"战略机遇，加快推进智能化、网络化等新一代信息技术在战略性新兴产业的深度融合，选择有条件的行业、企业在数字化车间、智能工厂等方面开展试点示范，总结经验和模式并在全行业推广。如支持特变电工、钰鑫机械的智慧化工厂建设项目，在高端人才引进、政策扶持、资金支持等方面大力促进企业的生产制造向智能化转型，实现制造资源、生产过程、现场运行、质量管控、物料管控的数字化、自动化。

（二）加大数字经济赋能

大力发展智能网联装备、新兴工业网络、工业传感与控制等核心技术，对传统产业提质增效开展数字化转型，为战略性新兴产业企业高质量发展赋能。引导和支持东汽、东电等龙头企业利用大数据技术延伸服务链条，加快发展服务型制造。鼓励骨干企业与配套企业利用互联网、云平台、大数据等信息手段，协同进行技术攻关，开发研制新产品，推动行业生产要素与资源聚集。

八、拓展产业发展空间，构建开放体系

（一）加强区域合作

以《成德眉资同城化发展暨成都都市圈建设三年行动计划（2020—2022年）》中提出的"打造以电子信息和装备制造两大万亿级产业集群为引领，航天航空、生物医药、新能源、新材料等千亿级集群为支撑，新经济为新动能的梯度发展格局"为战略指引，主动融入成都都市圈建设，抓好战略性新兴产业协同发展，构建跨区域的产业合作联盟，形成优势互补、协同合作的发展局面。

（二）加强国际产能合作

依托中欧班列现代物流港、装备制造国际博览会、四川国际航空航天展览会等平台，鼓励并支持战略性新兴产业的龙头企业充分抓住"一带一路"机遇，面向沿线国家和拓展区域的市场需求，深度开展产业投资和技术合作，布局发展和拓展市场，并带动一批中小配套企业"走出去"，构建全产业链战略联盟，形成综合竞争优势。

第三章 德阳市产业功能区高质量发展

随着工业化发展，产业布局由分散进入聚集状态，产业园区应运而生。世界上最早出现的产业园区是英国的曼彻斯特工业中心和美国的斯坦福工业园，随后又涌现出像美国硅谷、法国索菲亚高科技园、日本筑波科学城等一批著名工业园区，这些产业园区由政府、开发者、企业等不同主体参与，以形成产业集聚并促进区域产业发展为目的，通过发挥为区域创造就业、拉动经济、吸引人才、提高区域附加值等作用，逐渐成为许多国家和地区经济发展的一个重要载体和平台。产业园区的核心和实质是"产业集群"，通过地理位置、产业领域、相关人才、行业信息、买者意向和配套设施等的相对集中，可以有效减少巨额的基础设施及服务体系建设投入，同时集群内经济组织之间相互竞争、合作、交流，可以获取新的互补技术，加快学习进程，提高创新速率，降低交易成本，克服或构筑市场壁垒，取得协作经济效益，最终推动区域工业化水平整体的提升。改革开放以来，我国从沿海到内地开始设立不同类型的产业园区或开发区，1979年我国第一个工业园区在深圳蛇口设立，从1984年起，我国先后在12个沿海城市批准设立了首批14家国家级经济技术开发区，并大力培育这些"特殊经济园区"发展。随后，郑州、成都、西安等中西部城市也陆续规划建设了不同类型的产业园区，形成了多个产业的竞争力和竞争优势。各类产业园区持续引领我国产业发展，为各地区带来了大量的产业经济增长和社会聚集效益，例如北京的中关村国家自主创新示范区、北京经济技术开发区、北京商务中心区等六大高端产业聚集区以占全市9.9%的法人单位拥有全市48.6%的资产总量，创造了全市47.7%的营业收入；

2017年上海张江高新技术产业开发区、金桥经济技术开发区、上海嘉定工业园等30多家产业园区完成工业总产值30 473亿元，占了全市工业总产值的84%，其中张江高新技术产业开发区构筑了生物医学创新链、集成电路产业链和软件产业链的整体框架，被誉为"中国硅谷"，成了浦东发展的重要增长支柱。但我国产业园区这种短期内爆发式发展，也存在高污染、高复制、"集聚不经济"等突出问题，一些产业园区主导产业不突出、产业集群成链不足、生产性和生活性配套功能薄弱，产业园区发展迫切需要进行转型升级。

2017年7月，在国家中心城市产业发展大会上，成都首次提出了完整、清晰的产业功能区概念，明确了产业功能区是打造区域经济增长极、形成产业比较竞争力、促进产城融合发展的重要空间组织形式和先进要素聚集平台，并提出要塑造区域边界清晰、产业特色鲜明、优质要素富集、体制机制专业、功能配套完善的66个产业功能区，推动实现经济组织方式和城市发展方式的全方位变革。产业功能区作为传统产业园区的"升级版"，主要区别在于通过构建产业生态圈创新生态链吸引集聚人才、技术、资金、信息、物流等，形成集设计、研发、生产、消费、生活、协作、生态多种功能于一体的新型城市社区。

2020年8月，中共德阳市委八届十二次全会提出要构建现代产业体系，要与成都共同打造万亿级装备制造产业集群，培育食品医药、先进材料、数字经济3个千亿级产业集群和通用航空500亿级产业集群；要坚持"一县一园区、一区一主业"，推动产业园区二次创业，优化功能布局，提升承载能力，创新体制机制，强化要素保证，加快创新发展、集约发展、专业发展、绿色发展，打造充满活力、富有竞争力的产业功能区。因此，加快推动产业功能区高质量发展，对德阳打造具有竞争力和区域带动力的现代产业体系，构建支撑成都都市圈的重要功能板块，实现经济高质量发展具有重要作用和意义。

第一节 德阳市产业功能区建设的总体情况

近年来,德阳市积极培育特色产业集群发展,产业功能区建设取得一定进展。

一、建设历程

德阳建市以来,为推动工业产业集聚发展,先后建立了多个工业园区。1992年8月德阳市成立德阳经济技术开发区,明确以装备制造为主导产业,重点发展高端装备制造,园区在2010年升级为国家级经济技术开发区,2019年综合实力位居全国219家国家级经济技术开发区第40位、全省第2位。德阳高新技术产业开发区前身为广汉经济开发区,2015年经国务院正式批复为国家高新技术产业开发区,重点发展装备制造、通用航空产业,被科技部认定为国家创新型产业集群试点。同时,德阳市还建立了德阳旌阳高新技术产业园区、中江高新技术产业园区、什邡经济开发区、罗江经济开发区、德阳—阿坝生态经济产业园区、小汉工业园区等多个工业园区或工业聚集点。

2017年以来,德阳市为了推进工业园区集中集约集群发展,对工业园区的产业规划、招商引资、项目建设、土地资源、基础建设、服务体系实施"六个统筹",并将原先25个工业集聚点整合为10个工业园区,初步构建起梯度布局、错位发展的"2+8"园区格局,重塑了地理空间。2019年,为优化产业布局和提升产业层级,德阳市委、市政府作出推动产业功能区高质量发展的安排部署,对工业园区进行提档升级。2020年,为进一步加快产业功能区高质量发展,德阳市委、市政府提出"一县一园区、一区一主业"原则,明确"一业一特色"目标,根据各地比较优势和资源禀赋,做好全市产业功能区空间布局和产业规划布局,推进产业功能区分工协作、错位发展、优势互补,不断夯实产业承载力。

2021年4月,《德阳市国民经济和社会发展第十四个五年规划和二〇三五年远景目标纲要》(以下简称《纲要》)正式发布,《纲要》明确提出德阳要加快建设12个产业功能区,其中10个为制造业产业功能区(德阳经济技术开发区装备制造产业功能区、德阳高新区通用航空产业功能区、罗江先进材料产业功能区、广汉电商物流产业功能区、天府旌城总部经济产业功能区、中江医药食品产业功能区、凯州装备制造产业功能区、什邡通用航空产业功能区、绵竹医药食品产业功能区、德阳—阿坝先进材料产业功能区),2个为服务业产业功能区(天府数谷数字经济产业功能区、物流港临港制造产业功能区)。"十四五"期间德阳市将推进产业功能区提档升级,逐渐形成综合竞争力强、梯次合理的产业功能区发展新格局。德阳市12个产业功能区主导产业布局如表3-1所示。

表3-1 德阳市12个产业功能区主导产业布局

产业功能区	主导产业	重点发展领域
德阳经济技术开发区装备制造产业功能区	装备制造	大力发展能源装备、应急装备、航空装备、轨道交通等高端装备制造,支持新材料(含新建筑材料)产业创新发展,推广工业机器人制造及应用、工业互联网应用等新业态新模式
德阳高新区通用航空产业功能区	通用航空	大力发展通用航空研发运营、通用航空维修服务、航空教育培训、航空航天体验等
物流港临港制造产业功能区	临港制造	重点发展冷链物流、跨境电商、加工贸易
天府数谷数字经济产业功能区	数字经济	重点发展工业互联网、大数据、人工智能、工业软件
罗江先进材料产业功能区	先进材料	重点发展高性能纤维及其复合材料环节。以川纤集团为龙头,加快推动玄武岩纤维复合材料产业化,形成集群规模优势

表3-1(续)

产业功能区	主导产业	重点发展领域
广汉电商物流产业功能区	电商物流	大力发展电子商务、物流贸易等环节
天府旌城总部经济产业功能区	总部经济等都市工业	重点发展企业总部、研发创新、金融服务、商务会展等现代生产性服务业环节，支持高端要素资源集聚
中江医药食品产业功能区	医药食品	重点发展现代中药和中医药衍生品、生物提取物、农产品深加工、休闲食品等环节
凯州装备制造产业功能区	装备制造	重点发展智能制造、智能零部件组件制造，以及能源装备、环保装备、冶金装备等整机制造。主动融入成都"东进"战略，依托成都东部新区协同区区位优势，打造特色优势突出、区域显示度高的智能制造装备生产基地
什邡通用航空产业功能区	通用航空	重点发展航空材料与零部件制造、无人机等通用航空器研发制造试飞、通航运营
绵竹医药食品产业功能区	医药食品	重点发展生物制品、医疗药品、医疗器械，以及优质白酒等食品饮料
德阳—阿坝先进材料产业功能区	先进材料	重点发展三元锂正极材料、负极材料、隔膜材料和电解液等锂电材料，以及相关新能源材料

资料来源：《德阳市国民经济和社会发展第十四个五年规划和二〇三五年远景目标纲要》。

二、主要做法

（一）加强规划布局

一是强化组织领导。成立德阳市产业功能区高质量发展领导小组，负责统筹推动产业功能区规划布局、招商引资、项目建设、资源配置、基础建设、服务保障等。二是做好顶层设计。印发《德阳市推动产业功能区高质量发展实施方案》，提出规划优化、招商提质、产业促进、土地增效、筑巢引凤、质量提升"六大行动"18项措施，并制定《德阳市产业功能区高质量发展三年行动计划（2020—2022 年）》进一步细化落实实施方案。三是优化产业布局。明确 12 个产业功能区"十四五"发展边界，全市产业发展空间由 292.8 平方千米扩展到 496 平方千米，并对原有产业再聚焦、再细化，明确 12 个产业功能区主导产业及重点发展领域。推行"三图一表"管理方法（全市产业空间布局图、产业链全景图、产业发展路径图、招商目标企业表），指明全市五大产业发展路径和招商方向。

（二）做好要素保障

一是加强土地统筹。实地核查各产业功能区工业用地规划面积、建成面积、可使用面积及低效闲置土地情况，明确提出各功能区每年须盘活处置低效闲置土地数量，并纳入考核；推进"亩均论英雄"改革，并要求各功能区滚动储备 1 000 亩（1 亩≈666.67 平方米）成片"净地"，用于承接重大招商引资项目；鼓励功能区弹性供地，支持工业项目采取租赁、先租后让、租让结合、弹性年期出让等多种方式取得国有建设用地使用权，全市已通过租赁方式供应工业用地 10 宗，总面积 488.45 亩。二是强化资金支持。搭建 12 个政府投融资平台，设立 3 支政府产业发展基金，2020 年德阳市审批通过 19 个地方专项债（园区类）资金项目，支持功能区及企业发展；落实"园保贷"项目，全市 8 个省级及以上产业功能区已全部纳入"园保贷"省试点范围，贷款总额、贷款余额等主要指标均居全省第二，有效缓解了企业融资难。

（三）提升政务服务水平

一是推进精准服务。搭建产业功能区企业全生命周期服务平台，设立"直通车"服务窗口实现"企业办事不出产业功能区"。二是探索服务创新举措。尝试承诺审批、容缺预审、模拟审批、钉式服务等新型审批服务模式，企业开办由最快 15 个工作日压缩到"零成本·一日办"，市本级实现"零成本·小时办"，全市可网办率平均达 98%。三是打通服务梗阻。将中介机构完成工作的时间节点统一纳入工程建设项目阶段用时，对中介工作效率进行约束，项目中介环节用时提速 30% 以上。

（四）完善监管考核机制

一是单例考核事项。2020 年，德阳市首次将产业功能区考核内容单列为全市高质量发展重点工作考核事项之一，突出产业功能区工作的重要性。二是制定考核方案。围绕年度目标任务，制定《德阳市推动产业功能区高质量发展工作考核细则》，采取季度评分、年度考核的方式，切实落实工作部署。三是重视过程监管。定期向市政府报送各项重点工作推进情况，并将相关情况"点对点"通报各地政府或管委会，强化跟踪问效。

（五）推动区域协同合作

一是大力推进与成都产业合作发展。德阳与成都联合申报了高端能源装备产业集群，并成功入选国家 25 个先进制造业集群。凯州装备制造产业功能区积极对接成都"东进"战略，探索借鉴"飞地经济""园中园"或"共建园"等合作模式，重点推进与金堂边界产业的合作，主动承接成都产业疏解，推动成都"东进"区域相关产业与功能区产业错位发展、互补发展。彭州、什邡两市共同组建了彭什中医药（川芎）现代农业园区管委会，共同打造"西蜀川芎"品牌，并携手申报国家级天府蔬香现代农业产业园区。二是积极推动与重庆园区合作共建。德阳经济技术开发区与重庆空港工业园区、德阳高新区与重庆璧山高新区、什邡经济技术开发区与重庆港城工业园区、绵竹高新区与重庆白沙工业园区、罗江经济技术开发区与重庆永川凤凰湖产业园区签订合作共建协议，共同推进产业错位发展、有序竞争、相互融合。德阳经济技术开发区与重庆空港工业园区合作共建的"德阳经开·重庆空港"产业共建示范园是"首批成渝地区双城经济圈产业合作示范园区"（全省仅 10 个）。

三、主要成效

（一）功能区的产业集群特征更加明显

德阳市的装备制造、食品医药、先进材料、通用航空、数字经济等主导产业的龙头企业和配套企业基本分布在产业功能区内，大量企业向产业功能区集聚，使企业共享基础设施、配套服务，有效降低了企业成本，提高了规模效应。截至 2020 年年底，德阳市 10 个制造业产业功能区建成面积已达 170.42 平方千米，规模以上工业企业数为 902 户、营业收入达到 2 596 亿元、利税为 229.6 亿元、利润为 154.5 亿元，分别占全市的比重为 67%、79%、82%、83%。

（二）功能区的运行质量有所提升

目前，各产业功能区集聚了一批国、省创新平台，为企业开展技术创新和产业孵化创造了条件，通过招引产业地产商、盘活闲置资源、政府自建或政企合建等形式，已累计建成 110 万平方米标准厂房，科创空间 32 万平方米。产业功能区的投入产出效率进一步提升，2020 年产业功能区工业用地亩均营业收入为 476 万元/亩，亩均税收为 15.4 万元/亩，产业功能区核心竞争力、区域影响力逐渐增强。各产业功能区相继获得了国家应急产业示范基地、国家高端装备制造业标准化试点等 10 余个国家级称号；成功创建 2 个国家级、1 个省级新型工业化产业示范基地，1 个成渝双城经济圈产业合作示范园区，5 个省级特色产业基地，4 个省级院士专家产业园（全省仅 20 个）等。

（三）功能区的产城融合发展初具形态

产业功能区建设把城市和功能区作为一个整体，以产业功能来定位、以城市功能来配套、以生态功能来融合，既有产业服务，又有城市发展，形成集生产、生活、生态多功能于一体的城市新型社区。目前，德阳经济技术开发区、德阳高新区等积极调整规划，弥补了部分区域控规缺失，解决了产城矛盾、商业和公共配套短板等问题，推动单一工业集中区向产城融合城市新区转型。

第二节　德阳市产业功能区建设存在的问题

德阳市产业功能区建设还处于起步阶段，各功能区在主导产业培育、产业链建设、要素配置、体制机制等方面不同程度上存在短板，制约了产业功能区的发展。

一、问题表现

（一）功能区总体能级不高

各产业功能区产业规模仍然偏小，全市尚无千亿级产业功能区，2020年德阳市仅有1个产业功能区规模以上工业企业营业收入超过500亿元。从国家级经济技术开发区发展水平来看，德阳经济技术开发区规模以上工业企业营业收入为519亿元，仅为成都经济技术开发区（1 774亿元）的1/3、苏州工业园（5 241亿元）的1/10，体量不大。

（二）功能区主导产业不突出

部分产业功能区实际发展产业种类较多，存量企业杂，主导产业比较分散，不能充分发挥集聚和辐射作用。德阳市除德阳经济技术开发区依托国机重装、东方电气等发展装备制造，德阳高新区依托宏华石油发展油气装备外，其他地方尚未形成足以支撑当地发展的特色产业集群，主导产业在产业功能区中比重不高，影响力较弱。如凯州新城规划的主导产业是装备制造，但占比不足10%。

（三）功能区产业链不完善

部分功能区"链主"企业缺失。例如，德阳—阿坝生态经济产业园区等部分功能区缺乏"链主"企业带动，引进"一项兴一业，一业定乾坤"的大项目、好项目较难。部分功能区"链主"企业较少或者辐射带动能力不强。例如，通用航空产业链条相对完整，但龙头企业只有1家（中国二重），骨干企业不多；数字经济处于起步阶段，缺乏竞争力强的龙头企业。同时，部分功能区产业关联度较低，产业链上下游环节存在一定缺失，产业链左右端配套存在明显短板。例如，德阳经济技术开发区装备制造产业链上游零部件本地配套不足，本地企业对"三大厂"的配套率仅40%左右，"三大厂"需要的高质量零部件超过50%在省外采购；罗江玄武岩纤维产业技术研发优势明显，中游复合材料环节实现突破，但下游应用环节缺失；中江中药材产业链上游中药材种植初具规模，中药材加工能力较强，但研发能力、品种创新环节较弱，功能区产业"纵向成链、横向成群"格局还未形成。温州柳市镇作为"中国电器之都"，低压电器配套件涉及金属部件、合金材料、注塑部件等共计几十万种，其中有70%能在本地采购，完善的配套和供需网络，让一大批关联企业集聚成群，建成搬不走的企业舰队。

（四）功能区承载能力不强

部分功能区发展可用空间不足。例如德阳经济技术开发区装备制造产业功能区规划建设面积52平方千米，建成面积45平方千米，仅剩7平方千米发展空间。同时，部分产业功能区的生产性配套设施建设与产业发展适应性和通用性不高。如缺乏精准匹配装备制造、生物医药等产业需求的个性化标准厂房。多数产业功能区内未搭建企业发展共性设施平台，未提供企业"全生命周期"服务，导致企业根植性不强。天府大道北延线等交通干路与产业功能区有机连接不够。并且部分功能区生活生态场景相对欠缺，人才公寓、商超、文体等生活配套设施不完善。成都青白江欧洲产业城注重提升服务效率，在园区内设立政府服务中心为企业全方位服务，并且为了吸引企业入驻，在短短三个月内完成了100亩连片土地的拆迁工作，并将土地交到了企业手中，同时加快推进园区基础设施特别是道路建设，做到月月有变化，让企业感受到政府办事的效率和为企业发展打基础的决心。

（五）功能区协作发展局面尚未全面打开

市内部分产业功能区还未从传统思维中走出来，习惯于"单打独斗",未从全域上考虑功能区之间的产业关联协作关系。德阳与成渝地区的产业协作还处在合作初期,尤其是成德之间竞争大于合作,两地部分功能区产业存在一定的同质化问题,尚未形成更大范围、更高层次、更广领域的协作发展。上海外高桥启东产业园是苏沪两地联合开发、共建共享的产业园区,两地按照"统一规划、成片开发、分期建设"的模式,由启东市以5.33平方千米土地入股,占比40%,上海外高桥集团资金入股60%,注册资本3.2亿元,双方商定税收等收益4:6分成,园区已形成了以外向型生产加工业为主,物流、贸易产业为辅的综合性大型产业园,更成为上海外高桥保税区的一块"飞地"。

二、原因分析

(一) 体制机制创新不足

1. 统筹协调机制不完善

主导产业相互关联的各个功能区之间缺乏"圈长"协调统筹发展,较易出现同质化竞争。功能区与相关职能部门之间沟通协调不畅,相关职能部门对功能区产业指导、数据统计、统筹协调等方面存在一定困难,容易出现"不好管、不愿管"等情况。市、县(区)、功能区三级相关部门信息共用机制不健全,导致信息沟通不畅,项目统筹流转不力。

2. 管理体制缺乏活力

目前全市产业功能区管理模式主要采用"政府主导"模式,采用"管委会+公司"管理模式较少,并且由于部分公司规模小、实力差,作用发挥不明显。部分产业功能区行政化色彩渐浓,甚至从经济功能区逐渐演变为一般行政区,原来精简高效的"小机构、大服务"体制优势逐渐丧失,违背了产业功能区设立初衷。例如,德阳经济技术开发区除承担经济功能外,还承担了大量的社会管理事务,管委会难以专注于产业发展与功能区运营。

3. 考核激励机制不到位

产业功能区缺乏差异化考核机制，考核"指挥棒"未能有效指挥产业功能区经济竞相发展。产业功能区缺乏有效激励机制，多数产业功能区为政府派驻机构的管理体制，产业功能区发展好坏未与管委会人员绩效紧密挂钩，因此部分管理人员积极性不高。同时，针对功能区企业发展所需人才的有效激励政策不多。

4. 利益共享机制不健全

各产业功能区之间有效的利益分成、税收分享等共享机制尚未形成，各功能区招商引资项目流转和补偿协调机制不明晰，在当前国内生产总值（GDP）考核背景下，不能激发各产业功能区分工合作的积极性。

（二）资源要素配置不强

1. 土地保障不足

前期部分产业功能区将低价格的工业土地资源作为招引项目条件，未充分研判项目前景，引入企业因市场原因、经营等问题，导致已供土地利用率不高，低效闲置。2020年底，产业功能区有闲置工业用地2 257亩，占产业功能区闲置用地的85.6%；低效利用工业用地4 831亩，占产业功能区低效用地的96.8%。同时，各地为提高本地土地储备量，在报批土地后，未按要求落地相关项目，导致批而未供土地较多。同时，全市产业"净地"少，2020年年底工业"净地"储备8 384亩，与目标有差距。

2. 缺乏人才

一方面，功能区缺乏专业的管理人才。部分功能区专业管理人员较少，一些管理人员由乡镇干部转岗而来，能力存在一定欠缺，具有实操经验的专业人员稀缺，真正懂经济、懂管理的人员不足。另一方面，功能区企业发展难以吸引高层次人才。部分功能区离城区较远，产城融合发展不足，加上功能区中传统产业和中小企业较多，离成都又较近，虹吸效应较强，因此功能区很难吸引和留住高层次人才。

3. 融资渠道较窄

功能区建设资金主要依靠政府投入、抵押贷款和土地出让，由于基础建设投资回收周期较长，加之功能区自身的造血功能尚未健全，也没有更多有效的融资渠道和方式，导致部分功能区的总体开发、配套建设速度缓慢。

（三）思想认识不到位

部分人员对功能区推动经济发展的地位和作用认识不足，对功能区新的定位和发展要求认识不深，认为产业功能区就是"换个名字、改个说法"，功能区发展新的思路不清、办法不多，部分甚至"一切照旧"，没有树立产业功能区发展的责任感、使命感。

第三节　推进德阳市产业功能区高质量发展的对策建议

深入践行新发展理念，以产业生态圈建设引领产业功能区高质量发展，大力提升产业功能区的产业聚合力、园区承载力、创新驱动力、产城融合力，促进功能区产业生态、社会生态、自然生态三位一体，互相兼顾，从而增强全市产业功能区的核心竞争力和区域带动力。

一、聚焦主导产业，促进产业集聚成链

全市要坚持"一县一园区、一区一主业、一业一特色"原则，进一步合理规划分工、优化整合资源、加快产业集聚，以主导产业带动优势骨干企业发展，不断壮大主导产业聚群式和链条式发展。一要做大做强主导产业。要准确把握全球产业发展趋势和全国产业发展格局，立足自身特色和优势，进一步明确各功能区产业细分领域，形成错位互补发展。要做到各主导产业都能有龙头企业和重点项目引导，既要支持鼓励已有龙头企业做大做强，又要引进和培育

"一项兴一业，一业定乾坤"的大项目、好项目，使主导产业达到足够的产业规模，形成良好的空间集聚效应。二要围绕主导产业延链补链强链。功能区要真正发挥产业集聚效应，企业不能只是形式上、物理上的集聚，而是要发生关联与合作，实现"化学聚集"，因此在"重龙头"的同时也要"强关联"。要围绕主导产业发展和龙头企业需求，精准编制产业招商地图和产业链招商行动计划，瞄准产业链关键环节和核心技术开展链条招商。要重视产业链上下游、左右端的中小企业的支持培育，强化资金、人才、原材料、用能等政策保障，帮助企业长远发展，满足企业多元化需求。三要建立主导产业"圈长制"。借鉴成都经验，德阳市以五大主导产业的产业生态圈引领12个产业功能区发展，实现关联产业功能区之间串点成链、聚链成圈。建议由市级相关经济部门主要负责人兼任五大主导产业生态圈"圈长"，整合圈内政务资源、招商资源、公服资源，做好"链式服务"，发挥生态圈在全市范围的统筹功能。

二、坚持需求导向，提高要素资源配置效率

土地、人才、科技、资金等各类要素配置要集中向规划的产业功能区倾斜，充分发挥"土地池""资金池"等作用，支持产业功能区成势见效。一要提高土地供给效率。要用好土地指标，保证产业功能区工业用地占规划建设用地的比例不得低于30%，滚动储备1 000亩工业"净地"，确保项目能落地、快落地。要激活土地存量，指导各地采取引导转让、协商回购、兼并重组、强制退出等多种方式，盘活低效闲置用地。要加强用地事前约定、用地事中监管，明确用地退出机制，减少低效、闲置用地产生。二要加强人才保障。要注重功能区管理人才队伍建设，采取"因事设岗，以岗选人"的用人机制，每年选拔专业对口的选调生到相应功能区挂职锻炼，并视作基层工作经历，对表现突出的人员予以重用，同时积极招聘具有实操经验的专业人员，壮大管理人员队伍，提升管理人员素质。要完善激励机制，营造留才用才的良好环境，引进一批创新

人才，同时大力发展职业教育，根据企业需求实施定向培养、委托培养，弘扬"工匠"精神，满足企业用工需求。三要加强资金支持。激活外资和民间资本向功能区转移，鼓励各种投资主体通过合资、合作方式，直接开发或联合开发建设功能区，破解功能区建设的资金瓶颈。政府要加大产业基金注入力度，并借鉴成都经验，围绕产业生态圈设立专项基金，推动形成财政资金、政府性投资基金与各类创投资本、银行保险资金、产业资本等多元投入的投融资体系。

三、完善体制机制，激发运营活力

体制机制是功能区发展的活力之源、动力所在，要创新功能区体制机制，让老项目延链条、能扩张、有增量，让新项目进得来、留得住、能发展。一要健全协调机制。实行"一把手"工程，建议市上成立以市政府主要领导为组长，分管发改、经信、科技工作的领导为副组长，市级有关部门负责人和县市区政府主要领导为成员的产业功能区高质量发展领导小组，共同商讨、协调解决产业发展和项目推进中的重大问题，在全市上下形成有利于推动功能区"深度转型"的整体合力。建议市、区（市、县）相关职能部门人员到功能区兼任职务，协调推进功能区产业发展。二要完善管理体制。剥离产业功能区非经济职能，将社会管理事务等交还辖区政府及相关部门，实现"轻装上阵"，专注于产业发展和功能区建设运营。重视平台公司对功能区建设和运营的作用，建立"管委会+平台公司+专业公司"的管理机制。三要完善考核激励机制。以功能区经济指标为主，构建差异化绩效考核体系。创新薪酬激励制度，实行"以岗定薪、优绩优酬"的薪酬制，实现功能区发展活力的大提升。四要创新利益分享机制。探索建立异地落户、业绩分享机制，对跨行政区域落户园区的招商项目，实行引入地和落户地税收、产值、招商业绩分享。

四、突出"三生融合",提升发展承载力

统筹考虑未来城市发展空间、产业发展布局及环境承载力,实施功能区改造提升工程,合理布局生产空间、商业街道、生活社区和公共服务体系,实现"人城产"一体化发展。一要完善生产性配套服务设施。要有序推进主次干道、工业污水处理厂(站)及管网等基础设施建设,推动通水、通电、通气等"七通一平"覆盖产业功能区全域,鼓励网络数据中心等生产性配套服务设施建设。要围绕主导产业个性需求修建人才公寓、保障性住房等。要结合重点企业共性生产配套需求,加快共性技术平台、专业化实验平台、中试和技术平台等的建设。功能区要设立政务服务中心,提高政务服务效率,为企业发展提供全生命周期服务。二要完善生活性配套服务设施。围绕产业功能区居住人群、产业人群的个性化需求,加快功能区教育、医疗、文化休闲等生活配套设施建设,着力打造20分钟生活圈,提升功能区要素资源集成力和人口经济承载力,实现职住平衡,"人城产"深度融合发展。

五、推进区域协作配套,实现互利共赢

加强全域统筹,探索行政区与经济区适当分离体制,实现功能区共建共享,产值利税合理分配,充分调动共同建设产业功能区的积极性。一要推进市内功能区的共建共享。各产业功能区要形成"一体化"格局,各功能区联合出台招商引资优惠政策,推动招商引资项目异地流转、企业区域内迁移利益共享,共同引导招引项目错位布局,避免同质化竞争,对招商引资过程中不宜在当地布局的重大项目,通过资金补偿、转移功能区等方式进行补偿协调。二要加强与成都、眉山、资阳、绵阳等周边市州功能区的共建共享。要抓住成德同城化、德绵一体化发展机遇,在重大项目招商、公共平台打造、产业生态构建、人才交流培养、信息共享等方面实现重点突破。尤其是成德之间要以共建万亿级装备制造产业集群和临港经

济产业带为突破,加强相关产业功能区之间的合作发展。三要加强与重庆功能区的共建共享。把握成渝地区双城经济圈机遇,充分发挥"德阳经开·重庆空港"产业共建示范园作为首批省级"成渝双城经济圈产业合作示范园区"的作用,率先在两地间实现资源要素共用、技术成果共享,塑造区域协同新格局。

第四章 德阳数字经济高质量发展

当前，我国经济已由高速增长阶段转向高质量发展阶段，数字经济这一新型经济形态，为高质量发展提供了新动能，在加速经济发展、提高经济发展质量、推动供给侧结构性改革、促进就业等方面发挥着重要作用。德阳市正处在转变发展方式、优化经济结构、转换增长动能的关键时期，为将德阳市打造成四川数字经济第二城和四川国家数字经济创新发展试验区先行区，使德阳市成为西部领先、全国一流的数字化城市，德阳市坚定贯彻习近平总书记关于建设数字中国、网络强国的重要论述，按照党中央、国务院和省委省政府部署要求，把发展数字经济作为抢占新一轮发展制高点的战略之举，坚持产业数字化、数字产业化、数据价值化、治理数字化，加快构建数字驱动的经济体系，助力德阳产业升级和高质量发展。

第一节 数字经济发展现状

数字经济是继农业经济、工业经济之后更高级的经济阶段，是以数字化的知识和信息为关键生产要素，以数字技术为核心驱动力，以现代信息网络为重要载体，通过数字技术深度融合应用，不断提高传统产业数字化、网络化、智能化水平，加速重构经济发展方式与政府治理模式的新型经济形态。数字经济是现代化经济体系的重要组成部分，包括数字产业化和产业数字化。数字产业化，是数字经济的基础部分，即信息产业，具体业态包括电子信息制造业、软件与信息技术服务业、信息通信业等；产业数字化，是数字经济的融合部分，即传统产业由于应用数字技术所带来的产出增长和效率提升，具体业态包括以智能制造、工业互联网等为代表的工业融合新业态，以精准农业、农村电商等为代表的农业融合新业态，以移动支付、共享经济等为代表的服务业融合新业态。

一、"数字化"的"五全特征"及其颠覆性作用

"数字化"主要包括大数据、人工智能、移动互联网、云计算、区块链等技术。"数字化"基础平台的"五全特征"是指"全空域、全流程、全场景、全解析和全价值"。"全空域"是指打破区域和空间障碍，从天到地、从地上到地下、从国内到国际可以泛在地连成一体。"全流程"是指关系到人类所有生产、生活流程中每一个点，每天 24 小时不停地积累信息。"全场景"是指跨越行业界别，把人类所有生活、工作中的行为场景全部打通。"全解析"是指通过人工智能的搜集、分析和判断，预测人类所有行为信息，产生异于传统的全新认识、全新行为和全新价值。"全价值"是指打破单个价值体系的封闭性，穿透所有价值体系，并整合与创建出前所未有的、巨大的价值链。现代信息化的产业链是通过数据存储、数据计算、数据通信跟全世界发生各种各样的联系，正是这"五全特征"，当他们跟产业链结合时形成了产业链的信息、流程链的信息、全价值链的信息、全场景的信息，成为具有重要价值的数据资源。传统行业与这五大信息科技结合，会形成新的经济组织方式，从而对传统产业构成颠覆性的冲击。

二、数字技术的传导路径

（一）企业内部"干中学"传导途径

企业进行研发创新活动或者其他生产经营活动时，可以通过一边干一边学习的方式不断积累创新经验，从而提高劳动生产率和创新效率。企业对信息技术的投资和对信息技术的学习应用，对信息资源的开发和利用，以及企业外部的地区信息化发展环境，均能使

其信息化水平得到提高。信息化水平的提高有利于企业研发创新活动的组织和管理，有利于企业进行创新活动来获取更多的收益。信息化设备包括信息管理系统、计算机和相关信息资源以及互联网设备等。长途光缆线路和互联网宽带建设等硬件条件是保证企业进行创新活动的基础设施；专业技术人员和管理决策人员将决定企业未来技术创新的方向，政府对人才的培养和对研发投入的增加优化了外部发展环境。基于这些软硬件条件，企业内部才能进行有效的技术创新活动，在整个领域发展方向的指引下，通过内部一边干一边学的方式不断从实践中积累经验，提高技术创新效率。

（二）行业内竞争的水平传导路径

行业内的一些企业通过信息化水平的提升，提高了其技术创新效率，使其在既定的要素投入下的创新产出最大，降低了企业的运营成本，缩短了产品的研发周期，从而为企业带来了更多收益，同时也获得了相应的市场份额。为了巩固自身的市场地位或者获取市场份额，以及提升自身的经济效益水平，企业迫于竞争将进行产品或服务的创新。企业在进行研发创新活动时，会去学习新的知识技术，而且企业自身对于新技术的学习吸收和转换能力，以及研发新技术或产品的能力会受到信息化发展的影响。通过提高信息设备、互联网和信息资源等基础条件的投入，增加对员工的培训或引入高新技术人才，提高对信息技术和信息资源的开发利用，加强企业的信息平台建设和管理。政府的投资和扶持政策会使企业的创新发展环境得到优化，信息化水平得到相应的提升。在竞争机制的作用下，信息化水平的提升使得企业能够准确地获取和及时地处理外部信息，快速掌握市场变化方向，使其利用信息技术和信息资源的能力以及创新流程的效率得到提升，进而提高企业自身的技术创新效率。

这种行业内的水平传导作用取决于一个或一些企业传递给其他企业的信息，这种传递可以来自员工的流动、出版物和知识共享等。网络、计算机的普及和使用意味着所有行业都越来越依赖技术与数据,某一企业的技术创新信息对其他企业同样具有很高的价值,而且这一企业的创新很可能很快就会被学习和模仿。此外,随着互联网的覆盖范围越来越广,云计算技术的普及和应用,信息传输的成本更低,这也意味着有关创新的信息可以从某部门迅速传播至其他部门,任何技术创新的影响都将迅速在相关领域进行扩散。

(三)行业间供应链的垂直传导路径

上游产业如信息技术或信息服务研发生产部门向下游产业应用部门提供技术和产品或服务,下游产业在运用产品或服务的过程中,也会将其使用效果和问题进行反馈,并提出新的需求,在竞争激烈的市场环境下,进一步促进信息技术研发生产部门创新活动的开展。然而,新技术或产品的开发需要较高的信息化水平与之相匹配,需要基础设施、互联网等信息资源和人才的支撑,在此基础上才能充分利用信息化平台、信息设备和相关信息资源和人才的支撑,在此基础上才能充分利用信息化平台、信息设备和相关的信息技术服务。政府对于信息化和企业创新的大力支持,都将推动信息化的发展和优化企业创新发展的外部环境。企业间的这种关联效应推动了信息化对企业技术创新效率的影响。当上游产业部门研发出新的产品或服务时,供应链的下游产业为了能与技术先进的上游企业进行交流和互动,提高其市场竞争优势和实现利润最大化,将主动去获取并学习新的信息技术和知识,充分利用其现有的信息技术和信息资源进行创新活动。随着信息技术的普及和广泛使用,云计算、物联网和人工智能等新兴信息技术的快速发展,技术创新的来源越来越多,技术创新的频率越来越高,技术创新的周期逐渐缩短,其带来好处也将会渗透到供应链中的上下游企业。

三、德阳数字经济发展现状

(一)坚持数字产业化,为城市发展加装新引擎

把握数字经济发展浪潮,打造数字产业集群,着力建设西部数字经济重镇。

一是高位统筹全力推进。成立以市委市政府主要领导任双组长的"数字德阳"建设领导小组，成立常务副市长牵头的市领导联系指导数字经济专班，将数字政府建设、数字经济发展纳入年度目标绩效考核和市委常委会议、市政府常务会议议事重要内容，以及人大监督、政协协商、纪检问效重要范畴，形成数字德阳建设的强大合力。

二是顶层设计引领发展。联合赛迪智库等行业领军机构，编制数字经济发展规划（2020—2025）、数字经济发展专项行动方案、新基建三年行动计划、数字经济"三图一表"，制定促进数字经济发展的10条政策措施，为数字经济发展提供规划引领和政策支撑。

三是以数招商开放引强。挖掘应用场景，推出数字经济机会清单，探索以"市场+资源"换"投资+项目"的以数招商模式，先后举办首届人工智能应用和数字经济发展大会、贵阳数博会德阳数字经济投资推介会、福州数字中国建设峰会德阳数字经济投资推介会、德阳—华为生态企业对接会、德阳—中国电子生态企业对接会等活动，成功引进中国电子、光大特斯联、南威软件等一批行业翘楚，总投资超过600亿元。

四是天府数谷集聚产业。天府数谷是省政府批准设立的数字经济产业聚集区，规划建设静态投资250亿元、占地4 000亩的"凤翥湖数字小镇"一二期，重点集聚工业互联网、大数据、人工智能、电子竞技、软件工程五大产业。2020年，德阳数字经济总规模达1 076.98亿元、占GDP总量近45%。2020年4月21日，德阳市携手赛迪成功发布中国数字经济发展指数（德阳指数），这是国内首个以发布地冠名的全国性数字经济指数，首个大数据平台智能发布的数字经济指数，首个"季度+年度"双周期、高频次发布的数字经济指数，将为全国推动数字经济高质量发展提供行业风向。

（二）坚持产业数字化，为重装之都转型赋能

坚定数字经济赋能传统产业转型升级，推进数字经济与实体经济融合发展，为老工业基地供给侧结构性改革注入新动力。

一是高标准建设工业互联网。依托 6 000 余家工业企业高标准建设工业互联网，加快传统制造向智能制造转型升级，积极探索老工业基地供给侧结构性改革的新路径，打造千亿级工业互联网市场。发布《德阳市工业互联网创新发展三年行动计划（2021—2023年）》，组建工业互联网投资中心，引入海尔卡奥斯、华为、中国电子、优刻得等行业头部企业，采取类合同能源管理模式实施"1551"工程，重点建设 1 个工业互联网综合服务平台、打造 5 个行业级示范场景、培育 50 个企业级应用标杆、推动 1 000 家工业企业数字化改造，打造多个面向垂直行业和细分领域的工业互联网平台，形成在国际、国内具有示范性、引领性的工业互联网产业生态。

二是高质量推进制造业智能转型。德阳市高新技术企业达 184 家，已建成智能工厂和数字化车间居全省第三，"装备制造工业云平台"被工信部列入"制造业与互联网融合发展试点示范项目"；东方电机"大型清洁高效发电装备智能制造数字化车间建设项目"，每年可带来约 1.5 亿元直接经济效益，获得 2020 年度互联网数据中心（IDC）中国数字化转型大奖；亚度家具"C2M"工业互联网平台成为行业"5G+工业互联网"的优秀典范；国机重装智慧能源管理平台每年节约能耗上千万元；深兰科技"基于深度学习和多源数据融合技术的智能安全管理平台"、四川宏华"智能家居 APP 控制模块关键零部件创新应用项目"、国创智慧"工业能源大数据监控信息服务平台"、网道科技"基于区块链 3.0 技术的智能商务社群平台"等被四川省经信厅确定为数字经济与实体经济融合创新项目。推动德阳机械加工和装备制造企业转型发展数字装备设备制造，打造数字制造产业集群。在物联网方面，四川博益生产的磁性材料（磁芯）广泛用于物联网传感器；在电子元件方面，四川华兴宇生产宝马配套线路板；在显示终端方面，顺为科技生产液晶终端出口美韩；在 5G 设备方面，六方钰成生产高性能电子陶瓷基板用于 5G 装备；在继电器技术方面，四川宏发推出国内应用于智能家居领域相对成熟的首款产品，带动上游产业链近35亿元集聚发展；在不间断电源方面，二重飞轮储能通过中国泰尔实验室认证和中国机械工业联合会产品鉴定，是国内唯一入选工信部《绿色数据中心先进实用技术产品目录》的飞轮企业；汉洲电气等3家企业成为华为生态企业。

（三）坚持数据价值化，让数字石油释放红利

把数据作为推动高质量发展的关键要素，深挖数据资源价值，发挥好数据的基础资源作用和创新引擎作用。

一是推动数据资源汇聚。实施"政务数据资源池"三年行动计划，坚持数据向云集中、应用向平台集成，编制元数据标准和通用接口规范，实现政务数据资源跨层级、跨地域、跨系统、跨部门、跨业务共享。2020年年初建成政务信息资源共享交换平台一期，2020年年底完成共享交换平台二期建设，平台接入42个市级部门及6个区（市、县），初步形成人口、法人、时空地理、社会信用、电子证照、房产交易、社会保障、数字档案等八大基础信息库。在全省率先建成政务云，实现全域政务数据集中汇聚治理。引入时代飞扬携手IDG、高盛投资建设"云上天府云计算中心"，该中心将成为全国第7个绿色建筑国际金牌认证环保绿色数据中心，这使得德阳成为第15个宽带直连电信全国骨干网络城市，为云服务商、虚拟现实（VR）服务商、视频运营商、直播平台、加速服务商等提供高性能存算一体化服务。

二是扩大数据共享开放。加快编制《德阳市公共数据共享开放管理暂行办法》《德阳市政务数据共享开放管理暂行办法》《德阳市公共数据共享开放清单（2020版）》，面向政用、商用、研用等领域共享开放数据，在数字经济机会清单的基础上叠加打造公共数据共享开放的以数招商2.0版。携手国内头部企业建设大数据和人工智能联合实验室，引入数字沙箱技术，挖掘数据价值，开展数据交易。

三是打造数字蓝领基地。德阳是全国的唯一职业教育示范市和

中国西部职业教育基地，共有职业院校 31 所、人才培训基地 15 个，现有信息化专业 35 个、在校生 1 万余人。2020 年以来，德阳市先后引入 58 同城大学未来产业学院总部培养数字技能人才、引入华为信息和通信技术（ICT）人才学院建鲲鹏实验室培养软件工程师、引入电子科大德阳校区每年招收 5 000 名信息化专业本科生，引入 58 集团、爱数智慧数据标注基地和阿里、奇安信云客服中心，引入微福思建设西部软件评测中心，力争到 2025 年全市数字技术相关专业在校生规模达到 4 万人，建成以数据标注、数据加工、软件外包、软件评测为主的数字蓝领基地。

（四）坚持治理数字化，让城市服务智能便捷

围绕城市治理和服务领域数字化应用，推动数字技术与城市建设深度融合，让城市能感知、会思考、可进化、有温度。

一是打造智治生态。编制《智慧德阳规划（2020—2025年）》，搭建"6+4"总体架构，建设以人为核心、以新一代信息技术为保障、以数字经济为支撑的"生态型"智慧城市。

二是打造城市大脑。成功发行政府专项债 6 亿元，建设德阳市智慧城市和大数据管理运营中心，搭建数字孪生城市、广域感知平台、数据中台、应用支撑赋能平台等核心平台，为城市智慧治理提供技术支撑；第二批包含智慧市场监管、数字档案、智慧教育、智慧民政等项目专项债已上报入库。"德阳城市大脑"设计获得 2020 中国数字政府应用示范奖。

三是打造应用场景。坚持统一顶层设计、统筹项目规划、统揽以数招商、统管数据资源，全域一体推进民生服务、智慧城市、生态宜居、社会治理四大领域智慧应用场景建设，城市交通通行效率提升 12.5%，门诊患者平均候诊时间从 52 分钟降至 19 分钟。开发城市门户级平台"德阳市民通"，集成近三百项应用，该方案荣获四川省新型智慧城市优秀解决方案，实现了政务事项与重庆、福建跨省网上通办。通过加速数字城市建设，深化政务和公共服务领域创新，德阳营商环境评价连续两年居全省第三。

第二节　德阳数字经济发展面临的挑战

2018 年以来，数字经济重点招商引资项目总投资超过 600 亿元，全市已拥有各类数字经济企业 2 454 家，初步形成电子元件、云计算、人工智能、大数据、5G、区块链、电子商务等业态并举的多元数字产业格局，数字经济初见成效。在看到成绩的同时我们也发现存在以下问题：

一、数字经济"赛道"竞争日趋激烈

数字经济是未来产业转型升级和高质量发展的必经之路，当前正处于窗口期、黄金期，谁引领数字经济，谁就能掌握新一轮发展的主动权。从省内来看，成都先后制定了《成都市推进数字经济发展实施方案》《关于促进电子信息产业高质量发展的实施意见》等一系列政策，推动电子信息产业快速健康发展，取得了显著成效。眉山 2018 年以来先后引进了信利光电集成触控模组及微型摄像模组、华为眉山大数据中心、苏州晶瑞化学、韩国东进等项目，产业成链态势初步显现。资阳将优先突破电子元器件领域、车用电子领域，培育壮大大数据产业领域，着力引进重点领域核心企业，打造具有资阳特色优势的电子信息产业集群，面向成渝万亿级电子信息产业，努力建成成渝城市群新一代信息技术产业新兴增长极、成渝电子元器件产业集聚区、成渝地区双城经济圈汽车电子信息产业配套基地。绵阳电子信息产业基础较好，主要涉及家电、网络通信、电子元器件、新型显示、软件和信息技术服务等领域。代表性企业中，长虹、九洲两家企业分别在中国电子信息百强中列第 6 位和第 42 位（2020 年数据）。绵阳开元磁材等三家企业入选中国电子元件百强。京东方第 6 代 AMOLED 项目已经投产，惠科项目加快建设，新型显示产业集群基本形成，2019 年，绵阳电子信息制造业规模约

800亿元左右。

整体来看,成德绵眉资均将数字经济作为重点发展产业,德阳要想在这一轮数字经济的浪潮中脱颖而出,必须立足本地资源禀赋与产业特点,发挥好有为政府和有效市场的作用,以时不我待的勇气和毅力推动德阳数字经济又好又快发展,抢占数字经济发展制高点。

二、数字产业统筹不够、承接能力不强

一是区县产业统筹不够。虽然成立了市委市政府主要领导任组长的大数据发展领导小组,以及市领导联系指导数字经济产业发展工作专班,并且以"天府数谷"作为全市数字经济的承接地,但下面各县(市、区)尚未成立数字经济产业工作专班,数字经济工作沟通、对接较困难,同时,由于缺乏相应的激励机制,数字经济产业和企业的招引主要以市本级为主,未能调动下面各县(市、区)人员的积极性,数字经济招商引资、产业统筹、错位发展难度较大,在数字经济招商和产业发展方面各自为政的问题仍然比较突出,不利于全市资源统筹和集聚发展。

二是产业承接能力不强。随着德阳市数字经济产业招商引资力度的不断加大,特别是近两年来参加的"德阳市2019贵阳数字经济投资推介会""德阳市2020福州数字经济投资推介会""华为生态企业专场对接会"等活动,吸引了一大批国内外头部和知名数字经济企业来德阳考察,并陆续签约,但在项目落地过程中也暴露出后续推进缓慢的问题,主要原因是目前对招商引资企业的产业支持政策主要以项目承载地为主,在"一事一议"洽谈中,存在着标准不统一、政策支持不足等问题,对项目后续工作推进造成了一定影响。

三、数字技术基础薄弱、底层创新不足

一是信息化水平参差不齐。长久以来,德阳产业以装备制造、

化工等传统产业为主，数字产业发展较晚，基础薄弱。传统产业内的龙头企业，如二重、东汽、东电在信息化和自动化方面虽有一定基础，甚至某些领域已处于全省、全国领先水平，但纵观行业整体情况，由于传统老工业基地的桎梏，许多中小企业还远未实现信息化与自动化升级改造，据不完全统计，我市仅28%企业完成了信息化改造。

二是数字技术企业缺乏。数字经济的发展离不开数字技术企业的支撑，2018年以来德阳市虽然引入了海尔卡奥斯、华为、中国电子、优刻得、四方伟业、58同城、光大特斯、南威软件、微福思（Micro Focus）、中金众联、云狐集团、软通动力、新华三等数字技术企业，但是这些企业均处于初始阶段尚未成势。德阳本地缺乏大数据、云计算、人工智能、区块链等数字技术型企业，难以有力有效支撑数字经济的发展。

三是新一代信息技术应用滞后。新一代信息技术在制造业的应用处于初期，以智能制造为核心的两化深度融合才刚起步，大部分企业仍以信息化手段单项应用为主，包括技术研发、产品设计、生产组装、物流配送、采购销售等，其利用数字化技术补链强链的能力有待加强，面临着集成应用跨越困难、智能装备不足、组织结构僵化、流程管理缺失等问题。

四是创新升级驱动较弱。德阳市虽然初步形成了创新创业的氛围，但是创新驱动能力仍亟须加强。2020年四川省各市州专利授权量统计显示，发明类专利授权量在德阳仅为328例，而成都市拥有10 887例，绵阳市有1 467例，德阳市创新成果专利数量相对较少。尽管目前全市拥有一定数量的高新技术企业、国家实验室、技术研究中心等，但从全省乃至全国范围来看，该类机构数量、规模不具备优势，对于培养新一代信息技术专业人才、实施科学研究和成果孵化等产学研联动的支撑较弱。

四、数字经济发展资金不足

数字经济的发展离不开资金的支持。比如5G基础设施的前期建设，5G网络采用更高的频率，单基站覆盖半径更小，穿透能力更弱，建站密度更大。德阳主城区4G站点的平均间距为300~400米，而5G基站的平均站间距大约为150~200米，目前德阳市约有3家运营商4G基站数1.3万个，中国工程院院士邬贺铨预测指出5G基站数将是4G的4~5倍，因此，5G时代的基站建设，将面临比4G时代在选址、投资、工期等方面更大的挑战。再比如工业互联网建设，不仅要在网络层、平台层、应用层等方面进行软件开发应用建设，还需要在网络基础设施、安全保障体系等维度需进一步加大资金投入建设。而德阳市推进数字经济产业发展尚未设立专项产业扶持资金，无法发挥政府引导扶持产业和调整产业结构的作用，一定程度上阻碍了数字经济产业发展。

五、数字经济相关产业认识不足且人才紧缺

当前，政府、企业、社会各界对数字经济的内涵和本质的认识度参差不齐，差异较大。部分政府单位、企业思想较为保守，仅将数字经济简单理解为新一轮信息化发展规划，尚未从观念上意识到数字经济发展的迫切性、重要性，缺乏应对变革的勇气和决心。同时，由于人才引进的困难，数字经济的理念也很难从外部给内部带来影响和转变。德阳全市就业人口主要集中在制造业，信息产业人才占比较低，一定程度上反映出信息产业人才集中度不足的问题。一方面，由于数字经济相关领域专业性强，对技术人才及管理人才要求较高，德阳本地职业培训输出的人才资源尚不足以满足大数据、云计算、电子商务、区块链、产业数字化转型等数字经济发展的需要。另一方面，德阳市与其他发达城市相比，缺乏对数字人才吸引力，具体体现在本地薪酬体系缺乏竞争力、人才配套服务不完善、企业内部对数字化转型意见不统一等方面，这导致数字人才招

聘工作难以开展，数字专业人才队伍建设缓慢，加之周边城市针对数字人才提供各种优惠政策，虹吸效应明显，进一步加剧了本地人才流失。

六、产业结构不尽合理、转型困难

一是产业结构不尽合理。由于数字经济涉及内容多、范围广，不同于传统的统计口径，因此一直没有标准的统计测度口径，直到2021年6月，国家统计局公布《数字经济及其核心产业统计分类（2021）》，我国数字经济核算才有了统一可比的统计标准、口径和范围。此前各地数字经济总量的测度没有统一的标准，2020年德阳市数字经济总量达1 076.98亿元，数字经济占GDP比重达到44.80%，尽管总量较大，但结构比例还不够合理，电子商务占比过大，电子信息制造和大数据产业还比较薄弱，缺乏规模较大的龙头企业引领。

二是数字化转型困难。传统产业由于受技术、人员掣肘，利用数字技术对企业进行数字化转型升级的能力和意愿明显不足。同时，信息化投入的试错成本和试错风险超出了企业的承受能力，许多企业仍停留在基本概念上，并未开始做相关转型规划，导致传统产业数字化转型进程缓慢。

第三节　德阳数字经济发展目标及实施路径

抢抓成渝地区双城经济圈建设和成德眉资同城化发展机遇，发挥德阳资源禀赋和产业基础比较优势，主动融入成渝地区世界级电子信息产业集群和成都电子信息产业生态圈，聚焦数字经济重点领域，以提升产业发展能级为导向，以数字经济和实体经济融合发展为主线，积极培育数字化产业，深入推进产业数字化，丰富应用场景，加快壮大数字经济产业规模，将数字经济产业培育成引领赋能型产业之一，打造西部一流的数字经济示范基地。力争到2025年，全市数字经济总量达到2 000亿元；引入国内头部、行业领先及其生态企业200家以上，培育上市公司1~3家，初步形成以"凤翥湖数字小镇"为核心的大数据产业集聚区和以德阳经济技术开发区、德阳高新区、天府旌城、凯州新城等园区为载体的电子信息制造产业功能区；完成500家企业的工业互联网改造，初步建成西部工业互联网示范城市；高中职业院校数字专业在校生规模达到4万人，初步建成西部数字蓝领基地。

一、夯实数字经济基础

系统布局新型基础设施，加快第五代移动通信、工业互联网、大数据中心等的建设，构建高速宽带、移动互联、泛在智能、安全可控的新一代数字基础设施，为经济社会数字化、网络化、智能化发展提供坚实支撑。加快5G新型基础设施建设，加快5G基站建设，完成核心城区和各县（市、区）5G网络全覆盖。加快完善窄带物联网（NB-IoT）、射频识别（RFID）、紫蜂（ZigBee）等物联网基础设施建设，实现主城区和工业园区普遍覆盖。建成"云上天府云计算中心"，打造西部领先的云计算产业生态。全面提升基础设施泛在通用、智能协同、开放共享水平，筑牢城市智慧治理、数字经济高质量发展基石。

二、推动数字产业化快速发展

加快电子信息制造业补链强链，推动相关产业向重点园区和产业功能区聚集，不断扩大产业规模和量级。以天府数谷"凤翥湖数字小镇"为载体，打造软件和信息服务产业集聚区，推进"西部软件特色名城"建设，提升高端软件的供给能力，不断提高软件业发展水平。一是加快电子信息制造业发展。紧抓"互联网+"带来的发展机遇，充分利用德阳雄厚的工业基础，加快推进信息化与工业化的深度融合，围绕新型电子元器件的开发应用，新建智能生产车间，引进 MES 系统，通过信息化实现电子元器件可视化、标准化、自动化生产工艺技术研发成果的应用，将原有传统生产线改造成为智能化生产线。二是加快发展软件和信息技术服务业。积极引进国内外一流的软件企业，加强基础软件和面向商务、教育、医疗、文化、旅游等领域的应用软件研发，提升高端软件供给能力。打造"西部软件测评服务中心"，发展软件开发、系统租赁、系统托管等信息技术外包业务，推动云计算环境下软件外包模式创新，促进软件外包产业集群发展。三是推动人工智能发展。加快建设"人工智能应用创新中心"，开发人工应用场景，重点加大语音图像识别、生物特征识别、自然语言理解、机器学习、深度学习等人工智能关键技术攻关力度，探索人工智能领域经济增长新模式。

三、推动传统产业数字化融合发展

推动数字经济与实体经济深度融合，加快推进农业、传统制造业和服务业的数字化、网络化、智能化转型发展。一是加快工业数字化转型。着力构建"1551"工业互联网平台体系：建设 1 个覆盖全市的工业互联网数据平台，打造 5 个行业级工业互联网平台，建成 50 个企业级重点工业互联网平台，实现重点产业集群工业互联网深度应用全覆盖，工业互联网平台连接工业设备（工业产品）数大幅提升，工业互联网平台体系建设走在全省前列。二是推动服务领域数字化升级。大力发展数字现代服务。推动生产性服务业向专业化和价值链高端延伸，推动现代服务业同先进制造业、现代农业深度融合，加快推进服务业数字化。聚焦后疫情时代数字经济新趋势、新变化，着力发展在线服务、非接触式业务、云消费、云共享等数字商业应用新业态新模式。三是推动数字农业建设。推动农村电商向数字农业领域转型，通过组织开展在线农博会、农产品交易会、农产品展销会活动，充分运用淘宝、天猫、京东、拼多多等电商平台及抖音等直播平台，对本地特色农产品进行线上推广。通过"大数据+农业"模式及溯源体系建设，推动种养殖专业化、管理精细化和市场订单化发展。

四、全方位提升数字化治理能力

加强数字社会、数字政府建设，提升公共服务、社会治理等数字化、智能化水平，实现公共服务水平和治理能力现代化。一是打造智慧政务。加快实施"3+N"智慧政务体系建设，重点推进"政务数据资源池"三年行动计划，加快天府通办德阳子站点"德易办""德阳市民通"移动端应用平台和"政务服务超市"等建设，积极推动区块链和CA数字证书在政务服务领域的应用，努力打造全省政务服务"零证明"和"一网通办"标杆市。二是推进智慧医疗。建设"德阳健康云"，实现全市各级医疗机构影像、医学检验等数据上云，实现跨区域、跨层级、跨单位数据共享。推进电子健康卡与医保卡、银行卡等融合应用，实现就医诊疗、预防接种、妇幼保健、信息查询、健康管理、医保结算"一卡通"。三是推进智慧教育。推动中小学校、中等职业学校数字校园建设，建设"互联网+教育"大平台，实现优质教育资源普及应用全覆盖，全面提升师生数字素养和信息应用水平。推进高速校园网络及数字化教学装备建设。四是大力发展智慧交通。推动大数据、互联网、人工智能、区块链、超级计算等新技术与交通行业深度融合。推进数据资源赋能交通发展，加速交通基础设施网、运输服务网、能源网与信息网络融合发展，构建泛在先进的交通信息基础设施。五是打造智慧社区。以云平台、物联网为依托，以现代通信技术（CT）和信息技术（IT）为支撑，通过推行线上信息互动、线下保障服务的"互联社区"运行模式，打造智慧社区。

五、构建一流数字经济生态

结合区位优势，构建一批数字经济产业集群，同时依托"双创"基地、众创空间、产业创新中心等载体，营造最优产业生态，吸引集聚海内外领先数字经济企业。一是建设"凤翥湖数字小镇"。

以"凤翥湖数字小镇"和数字产业功能区为载体，持续加大以数招商力度，强化重大项目的牵引与带动作用，重点发展大数据、人工智能、区块链、工业互联网、电子商务、软件测评等产业，形成具有德阳特色的数字产业集群。二是优化数字经济产业空间布局。围绕构建全市统一协调的数字经济产业生态圈，把握全市各地差异化发展机遇，有序引导全市产业功能区围绕产业定位和数字经济场景应用，加快数字化、网络化、智能化建设。三是支持数字经济相关产业协会建设。支持成立德阳数字经济产业协会，给予协会相关政策支持，促进德阳数字经济企业对外交流，推动德阳数字经济企业开展产学研合作和行业交流。四是加强成德、渝德数字经济交流合作。抓住成渝双城经济圈和成德同城化发展战略机遇，加强与成都、重庆的对接合作，构建数字规划统筹互动、政务服务跨城通办、数字产业协同发展、基础设施共享利用等机制，全面融入成渝双城经济圈和成德眉资数字都市圈建设中。五是发展数字技能人才职教产业。紧扣数字化支撑，发挥职业教育资源优势，与国内科研院校和数字企业合作，打造西部数字"蓝领"培育和输出基地。六是构建包容审慎的发展环境。强化对人工智能、大数据、云计算等新业态的包容审慎监管，构建有利于新经济发展的应用场景、要素供给和服务监管体系。激发市场主体活力，大力弘扬企业家精神，营造敢于创新、乐于创新的浓厚氛围。

第五章　德阳市现代特色农业高质量发展

产业振兴是全面推进乡村振兴的主体形态，产业结构的转换升级主要依托农业供给侧结构性改革的动力支撑。其中，现代特色农业高质量发展问题是作为乡村产业主体的农业能否形成现代化发展格局的关键。"十四五"时期"经济社会高质量发展"的提出，为现代特色农业高质量发展找准了突破口和切入口。2020年12月中央农村工作会议首次提出"全面推进乡村振兴"，这是"三农"工作重心的历史性转移。习近平总书记强调"全面实施乡村振兴战略的深度、广度、难度都不亚于脱贫攻坚，要加快农业农村现代化，促进农业高质高效"[1]。基于特定地域实践的现代特色农业要实现高质量发展，就是产业模式由"增产导向"转为"提质导向"的提升过程。因此，要基于德阳市现代特色农业发展的实践框架，找准制约现代特色农业高质量发展的结构性问题，提出新发展格局下现代特色农业高质量发展的集成路径，进而驱动乡村全面振兴战略目标的实现。

第一节　德阳市现代特色农业高质量发展的现状

农业现代化与高质量化已成为全面推进乡村振兴、转变农业发

---

[1] 习近平. 2021年在全国脱贫攻坚总结表彰大会上的讲话［EB/OL］.［2021-03-11］. http://www.qstheory.cn/laigao/ycjx/2021-03/11/c_1127198193.htm.

展方式关系下的实践话语。因此，德阳市以推动农业产业形态更高级、分工更优化、结构更合理为切入点和着力点，形成了"政策引致—体系构建—园区承载—毗邻合作"的现代特色农业实践逻辑框架。2020年德阳市第一产业增加值为272.7亿元，同比增长3.6%，农业农村经济呈现稳中有进、稳中向好的态势。

一、构建层级组织枢纽，出台政策全局谋划

现代特色农业效用最大化的前置要件即为制定行之有效的组织枢纽与制度设计。为此，德阳市制定了《市领导联系现代农业产业体系建设分工推进方案》，建立了由一个市领导联系指导一个具体农业产业的建设和产业对应的现代农业园区培育机制，协调、指导、督导全市农业产业发展和园区建设工作。在此背景下，市、县党委政府坚持把现代农业园区建设作为"三农"工作的"牛鼻子"紧抓不放，将现代农业园区建设纳入乡村振兴领导机制统筹推进，由县级党委一把手担任园长，逐级构建主要领导亲自抓、分管领导具体抓、层层压紧压实责任、齐心协力抓落实的工作格局。同时，德阳市先后制定了《关于加快建设现代农业"2531"产业体系推进农业高质量发展的实施意见》《关于推进现代农业园区建设的实施方案》《德阳市现代农业园区建设考评激励方案》《德阳市现代农业园区建设总体规划》等政策文件，初步形成了系统推进全市农业园区建设发展的政策框架。

二、立足优势产业结构，构建农业产业体系

坚持以市场需求为导向，着力优化产品结构、生产结构和产业结构，聚焦"2+5+3+1"农业高质量全产业链发展。一方面，优化产业结构。坚持政府引导、市场主导、合理布局、绿色发展、园区引领、联农带农。在确保粮食、生猪等主要农产品有效供给的基础上，加快推进农业产业转型升级，大力发展优势特色产业，不断增强特色农产品的综合竞争力。推进粮油、生猪两大主导产业和蔬

菜、水果、食用菌、中药材、蚕桑五大优势特色产业全产业链融合发展。截至2020年年底，德阳市粮食生产已实现"十七连丰"，粮食总产达196.4万吨，蔬菜、水果、中药材等各类经济作物产量达267万吨，生猪生产加快恢复，供应明显改善、价格震荡回落，形势持续向好。另一方面，优化产业链结构。推动与产业基地规模相适应的农产品产地初加工设施的就近建设。依托工业园区布局农产品精深加工产业，建设区域性农产品产地交易批发市场，配套建设农产品烘干冷链物流设施。大力发展罗江区、广汉市、中江县的3个农产品加工园区，推动农产品加工业向园区集聚发展、与产业配套发展，提高农产品加工原料的本地化率和加工转化率。发展农产品冷链物流产业，加强农产品交易流通体系建设，以广汉市北新天府农产品交易大市场为中心，形成1个辐射全市带动周边的区域性农产品交易大市场，初步形成"2531"农业产业体系。德阳市"菜、果、菌、药、桑"产业布局得到进一步优化，呈现出产业集群化发展态势，打造产、加、销紧密相连的产业链，初步形成种养加、一二三产业融合的生产经营群体，有效提升了现代农业产业价值。

三、引导资源要素倾斜，培育层级特色园区

按照"建设大园区、发展大产业、培育大龙头、深化大合作"的建设思路，明确以"特色小镇+农业园区"发展模式，整合各类项目资金共15.9亿元投入现代农业园区建设。目前初步形成国省市县"四级"现代农业园区发展格局。其中，培育建设县级以上现代农业园区共计40个，其中国家现代农业产业园1个，省级星级现代农业园区3个，市级星级农业园区14个。一是强化基础设施建设。通过实施现代农业发展工程、高标准农田建设、农田水利等项目，推进农业园区基础设施建设，大力改善园区生产条件。按照"资金向园区集中、项目向园区集聚"的总体思路，全市累计通过财政投入、社会投入等多渠道筹措资金60多亿元，并整合涉农项目资金打

捆使用，集中用于园区土地整理、道路建设、设施配套等项目建设，2020年全市各级各类园区累计整合投入资金就达22亿元，极大改善园区基础条件。二是推动生态循环发展。农业园区坚持绿色标准，选择1~2个优势特色产业作为主导产业，大力发展绿色有机无公害农产品，以先进技术装备为依托，推行标准化生产，推广节水、节肥生产模式，广汉市国家现代农业产业园创新开展"猪—沼—稻"种养生态循环模式，农业面源污染治理面达100%，畜禽粪便及秸秆综合处理利用率达100%，绿色防控面达85%以上。加强农产品质量安全管理，已创建和培育的国、省级园区，经营主体和农产品全部纳入省级农产品质量安全追溯平台管理。三是加强新型经营主体培育。加强现代农业园区新型经营主体的引进和培育，园区内的财政支持项目资金，优先安排给农业产业化龙头企业、专业合作社、家庭农场开展农业产业化项目，鼓励农户开展规模化生产和经营，新型经营主体已经成为农业园建设的主导力量。农业园区培育新型经营主体2 326个、专合社1 202个，带动农民53万人，实现综合产值超235亿元，促农增收人均近3 000元。

四、加强毗邻区域合作，促进产业合作共建

德阳市通过内培育、外招商引进的方式，加强成德眉资都市现代高效特色农业示范区建设。根据《成德眉资都市现代高效特色农业示范区总体规划》，建立健全现代高效特色农业示范区建设的对口联系机制，积极支持什邡与彭州、中江与金堂、广汉与青白江合作共建农业产业园区，努力将成德眉资建设成为全国都市现代农业样板区和农业农村现代化示范区。一是签署成德眉资粮食生猪蔬菜区域生产保供合作协议。通过分析测算，以成德眉资四市所辖服务人口来计，区域年产出口粮约410万吨、蔬菜约1 110万吨、肉类约130万吨、蛋类约42万吨，主要农产品供应总量基本平衡。为此，德阳市在同城区域着力构建"从田间到舌尖"全流程、全体系协同的高质量供应链体系，通过提升"产地前置加工仓、枢纽核心

物流仓、销地周转调剂仓"的物流体系，建设重要农产品"从田间到舌尖"全程数字化信息平台，完善农业农村金融体系发展符合条件的供应链金融社会化服务体系，并于2020年7月27日在成德眉资同城化第二次领导小组会上，四市发改、农业农村部门签署了粮食生猪蔬菜区域生产保供合作协议。二是推动彭州敖平镇与什邡马井镇交界地带合作，共建彭什川芎现代农业产业园区。已完成了《中国（彭什）川芎产业园区概念规划方案》编制，2021年3月两地签订《彭什川芎现代农业产业园区项目协议》，着力推进园区路网、高标准农田、综合服务等基础设施建设；依托两地11家川芎企业和10余家川芎专合社共同成立彭什川芎专业生产联合社，带动园区内2万户连片发展川芎种植。三是推动中江县仓山、冯店、积金、白果、永兴、兴隆等乡镇与金堂县官仓、福兴、赵家、竹篙、又新等乡镇合作共建蔬菜（食用菌）保供先行示范区。计划两地合作共建蔬菜（食用菌）基地70万亩，其中含具备应急保障功能的常年性蔬菜基地5万亩，纳入数字农业管理；建设蔬菜（食用菌）数字化商品种苗中心2个、专家大院1个、数字化蔬菜（食用菌）加工交易冷链中心1个。2021年先期建设金—中蔬菜（食用菌）合作园区。四是推动广汉与青白江合作共建农产品冷链物流、农产品加工园区、花椒与火锅食材交易中心等项目。

第二节 德阳市现代特色农业高质量发展面临的瓶颈问题

基于实践来看，在新时代乡村振兴过程中还存在诸多结构性困境问题。

一、生产组织规模欠缺与农业生产标准化的矛盾

现代特色农业发展中蕴含着对农业生产标准化的实践表达，要

求以国家、行业、地方标准为参照实现规模产业提档提质。当前，德阳市基于地方特色优势农业产业标准还面临诸多"凹地"。一是省级园区数量不够。自 2017 年四川省全面启动现代农业产业融合示范园区建设工作以来，省农业厅牵头制定了省级现代农业产业融合示范园区认定管理办法，各地也加紧制定本级认定管理办法，推进融合园区建设。2020 年，四川省建成五星级现代农业园区 7 个、四星级现代农业园区 11 个、三星级现代农业园区 41 个，加快构建全省现代农业园区梯次发展体系。从德阳市各级农业园区的数量看，截至 2020 年德阳市现有省星级园区 3 个，低于全省平均数（全省平均每个市州 3.6 个），对比成都、广元、南充、达州、凉山等市州还存在一定差距。从省星级农业园区构成看，德阳市目前仅有省四星级园区 1 个、三星级园区 2 个，省五星级园区数量还未能实现"零突破"。二是农业知名品牌不足。品牌影响力与市场占有率存在正向关联，农产品公共区域品牌建设能提高农产品在市场中的知名度。虽然到 2020 年，全市农产品注册商标达到 4 100 件以上，新增农产品"三名商标"15 个以上，新增农产品地理标志 1 个，无公害农产品 28 个，绿色食品 15 个，有机农产品 60 个，但是在德阳市已建设认定的农业园区中，总共仅有 17 个省级品牌。由于园区以专业合作社、家庭农场等新型经营主体为主，品牌意识较为薄弱，大部分园区没有形象口号、标志（LOGO），未能形成知名度高、市场认可的产品品牌。三是农产品竞争力较低。农产品竞争力指数是衡量农业发展状况的重要参照指标之一。如何提升农产品竞争力、促进现代农业发展是形成德阳农业发展比较优势的关键问题。而近年来，过度关注经营模式多样化、特色农业产业化，缺少对"精品"的关注，一定程度上存在产品竞争力阻隔、质量—销售错配等问题，无法全面进入大流通领域，规模产业"多而不优"，无法全面体现生产标准化的目标效应。四是产业链规模较弱。在现代农业多功能发展趋势的指引下，以农业的内涵、外延拓展的方向为主线，以农事体验、乡村旅游、休闲农业、文化创意等为载体的农村新产业、新业态模式，为现代农业全产业链的发展带来了新平台。而这些新产业新业态正是一、二、三产业相互渗透、相互融合的载体，改变了传统农业只有最终产品才能面向市场的旧格局，使种植、生产、加工过程与市场结合，成为卖点并产生收益。而德阳市现代农业全产业链规模不大、效率不高，与延长产业链、提升价值链、完善利益链的规模效应还有一定的差距。

二、耕地资源禀赋趋紧与粮食安全守红线的矛盾

粮食产业的优质性专业化发展是"确保国家粮食安全"的前置要件，其有效性取决于在有限耕地面积内对粮食产业功能区的优化回应。到目前为止，德阳市已建设完成高标准农田253万余亩，占德阳市耕地面积的68.05%，远超全省44%的平均水平。其中，仅2020年德阳市就共编制18个项目，投资4.7亿元，新建高标准农田15.5万亩，有效推动了农业规模化、现代化发展。在此背景下，2020年全年粮食作物播种面积465.8万亩，粮食总产196.4万吨，增产1.1万吨，增长0.56%，平均单产422千克，高出全省平均单产49千克，居全省第二。其中：水稻播种面积179.3万亩，单产557千克，总产99.9万吨；小麦播种面积119万亩，单产335千克，总产39.9万吨。虽然从绝对数上看，粮食的单产水平及综合生产能力有所提升，但是在土地资源约束瓶颈日益趋紧的现实下，土地资源的总量压缩，用途管控强度增大，粮食作物与经济作物的"争地矛盾"，以及农业产业融合的土地使用问题、土地综合利用率的提升问题等，一定程度上无法实现耕地供给与产业增收"共赢"的目标效应。此外，农业发展的深刻效率变革包含着重新定义农业与山水林田湖的生态圈，粗放使用与过度利用对农业生态资源休养产生不利影响。在保护农业农村生态资源方面，德阳市采用了相关的经济与法律手段推进农业生态建设，但在统筹兼顾增加农业产出、提升农业发展质量与保护生态环境方面还需要更多的探索和实践。

三、农村人力资源外溢与劳动力要素支撑的矛盾

附着在人身上的以知识与技能为生产力的人力资本是农村经济发展的再生动能。统计显示，德阳市常住人口增量由2010年的4.5%下降至2020年的4.13%，人力资本呈现净流失状态，农村人力资本表征出外溢性。而能否建立起现代特色农业高质量发展的良性循环通道，关键在于能否建立与农村发展生产力水平相匹配的劳动力要素支撑与人力资本扩大扩优的关键韧性。而农村人力资本的流失性趋向已成为一大痛点。总体来看，2020年德阳市第一产业增加值占经济总量的11.6%，从业人员比重为34.1%，劳动生产率相对偏低，从事农业生产的劳动力中存在大量兼业农民（既从事农业生产又从事非农业活动而获得收入的农户），这些人对新品种、新技术和先进管理模式的接受能力不高，难以较好地适应现代农业发展的需要。同时，存量劳动力老龄化趋势凸显。2020年四川各市（州）人口年龄构成调查结果显示，德阳市劳动力老龄化排名全省第五，60岁以上人口占常住人口总量的25.81%，65岁以上人口占常住人口总量的20.25%，德阳市劳动力老龄化趋势明显。农业劳动力老龄化构成农业技术进步的重要障碍。而德阳市现在处于全面深化农村改革的攻坚期，人力资本要素结构的升级滞后给农业现代化带来了不利影响。

四、科技创新能力不足与发展动力自转换的矛盾

农业现代化的本质是经济增长和科技创新的协同，是在坚持产业化、信息化的"融合性"标尺之上，将科技生产力作为农业生产力内核的基础上实现农业经济增值和挖掘创新价值潜能的"整体发展"过程。当前，德阳市信息化与农业现代化深度融合，智能化、信息化的高科技农业技术、设备和平台，被广泛应用到农业生产的各个领域与环节，特别是随着农产品电子商务迅猛发展，农业物联

网在设施农业、水产养殖、农产品质量溯源、农产品物流等领域的应用取得明显突破。这为德阳市农业生产经营服务水平提升提供了重要机遇，为新型职业农民创业创新提供了广阔空间。但同时，农业现代化与科技人才振兴有着极强的"耦合性"，现代化农业发展战略的实施，必然依托各类人才的智力支撑。而科技支撑不足已成为新发展阶段现代农业高质量发展的突出短板和弱项。具体表现在现代农业园区与科研单位、推广单位和生产单位之间利益联结机制不紧密，农业科技创新成果的转移转换力度不够，农业科技利用效率较低。与此同时，要发挥人才在农业高质量发展中的支撑作用，因此如何发挥人才效能、留住人才尤为重要。在城乡发展不平衡不充分、城乡二元结构尚未完全消除的宏观背景下，相较于城市空间，农村的自然禀赋、发展潜力、公共服务较为滞后，农村往往被打上发展空间小的认知烙印。农业科技人才"引不进、留不住"，致使现代农业园区技术人才普遍不足，科技力量薄弱，尤其缺少懂技术、会管理、善经营的复合型人才。从根本上讲，这既不利于提升科技对农业产业的贡献率，又难以满足农业生产效益提升的公共需求。

五、产业内外联动不畅与区域发展新格局的矛盾

以区域产业联动为支点，撬动区域农业产业内外联动全方位合作发展，是成渝地区双城经济圈建设、成德眉资同城化发展的大势所趋。以协同发展为引领的成德同城化进程也随之进入了加快推进阶段。区域协同发展为德阳市共担、分担、独立承担成都市都市现代农业的功能、构建农业新产业新业态新高地、在区域协同发展中推进乡村产业振兴提供了区位优势。但受制于产业同质化、人才同构化等，虽然区域协同发展是顺势而为，但与京津冀区域协同、广佛同城等国内先进城市群发展势态对比，成渝双城经济圈、成德眉资协同发展仍处于初级起步阶段，产业内外联动的目标效应暂时还

未能全面体现，突破地区壁垒实现产业协同发展还存在一定的实践偏差。同时，全市县与县之间农业产业优势不突出，产业同质化、同构化趋势显现，如何推动县与县之间农业产业协调发展、激发整体发展活力还处于多重压力叠加期。

第三节　德阳市现代特色农业高质量发展的实现路径

以全面推进现代特色农业高质量发展构建我国经济高质量发展良性循环空间格局，是激发农业生产力、完善农业生产关系的现实命题。现代特色农业高质量发展是各构成要素整合型运转的机制。在系统论的范畴下全面激活全要素组合、优化供给体系是扩大现代特色农业质量半径的关键之举。合理定位现代特色农业发展体系各要素建设并构建有机的系统结构，才能在集成路径上最大限度地发挥出现代农业综合水平提升的乘数效应。

一、基本原则

（一）坚持空间结构共生的策略调适

高质量发展的宏观政治话语的提出，强化了现代农业"质量""效率""动力"的"三重变革"。基于此，现代特色农业高质量发展不是简单的提升农业经济总量的单向过程，也不仅是产业、生产、经营整个链条的质量提升过程，而是经济、社会、环境等区域性整体提高质量的过程，这就要求对农业生产的空间和实践进行细分、拓展、整合，彻底变革现代特色农业空间实践界面上的发展方式。以产业链的"串联"促进农业经济社会各个领域整体提升的"并联"发展，其本质是充分利用生产要素投入、产出要素优化提供的强大内生动力，通过产品服务的供给能力、收入分配的平衡能力，坚持拓展发展空间与增强发展韧性并重，实现物质性、社会性、价值性空间之上的经济增长的最佳空间组合形态。

(二) 坚持产业结构优化的战略转向

挖掘现代特色农业的产业结构潜力、构建产业多元融合的产业链体系、补齐现代特色农业产业结构布局的短板，已成为"高质量发展"与"产业优化"的内在逻辑。在市场消费升级的现实需求下，深化农业供给侧结构性改革是优化调整农业产业结构的治本之策，进而才能实现主导产业做强、特色产业做优、新兴产业做大的宏观战略。生产标准化、产品优质化不仅是现代农业的特殊优势，而且是现代农业的现代化水平指标。面向"十四五"时期的全产业链构架的内在逻辑，既要拓展现代特色农业"向下"纵深发展的产业体系，又要"向上"延伸经济、社会、政治功能等产业功能。突出优化配置资源要素、调整产业布局异质结构在全面推进高质量发展中的优先序位，旨在提高产业关联耦合性、增加多元产业附加值，重塑全产业链的融合发展与提质增效。

(三) 坚持新旧动能转换的关系重构

传统农业奉行的单一经济数量增长模式已经逼近资源消耗、环境污染的承载力极限，以生态利益与经济利益互相博弈的传统经济增长模式所带来的负外部性问题长期未能得到有效解决。利益协调的关键在于正确处理经济增长新旧动能的边界，在更好地发挥政府作用的同时让市场机制成为主体。因此，我们在"产量—质量—高质量"的话语转换入口处，提出以"高效"为领域指向、以"绿色发展"[1]为方法指向的现代特色农业，高效绿色成为新的动能转换点。以技术变迁、制度变迁等生产要素为供给，打破传统农业的"均衡状态"[2]，这种在新发展理念下以系统要素增进为底色的生态生产力发展视野，为"弱质效益型"传统农业转向"优质效益型"现代农业提供了新的增长动能，其本质是高效绿色的生产循环与永续发展的生态循环以及优质特色的发展循环的相互耦合。

---

[1] 中共中央国务院. 关于全面推进乡村振兴加快农业农村现代化的意见 [EB/OL]. [2021-02-21]. http://www.gov.cn/xinwen/2021-02/21/content_5588098.htm. 2021-01-04.

[2] 舒尔茨. 改造传统农业 [M]. 梁小民, 译. 北京：商务印书馆, 2006.

（四）坚持技术链条覆盖的动力支撑

消除"粗放型—集约式—精细化"农业发展样态中的制约因素，顺次衔接高质量发展转型，通过投资技术供给、技术变革可为现代特色农业提供发展活力和发展韧性，实现科技型、融合型转型发展。技术支持是现代农业高质量发展的关键动能，是撬动农业全产业链发展的"硬实力"。以"科技支撑"[①]为重要引擎的高质量现代农业，既不是简单地突破农业科技的瓶颈，也不是单向地增加科技驱动力，而是从现代农业产业技术体系的角度充分利用技术集成提供的强大内生动力，通过农业科技资源整合和科技创新转换，构建全覆盖的农业技术链条体系，将科技支撑"嵌入"现代特色农业高质量发展的各方面、各环节和全过程，实现科技创新与质量层次的互促共生。

二、路径选择

（一）以主导产业体系转型推进聚链成圈

新发展阶段要激活现代特色农业高质量发展的资源要素活力，必然需要向特色主导产业"确权赋值"，让以"绿色"和"融合"为最大特征的要素活力成为最大的存量、增量、变量。在"绿色"和"融合"中，要在"绿色"创造可持续、"融合"培育全产业链上下功夫，处理好产业与生态、产业与体系的变革。实现现代特色农业高质量发展，一是着力现代特色农业绿色生态发展的"存量革命"。以绿色产业、绿色园区合理优化现有产业体系布局，升级改造传统产业结构，重构资源节约型、环境友好型生态产业体系，创新种养循环、绿色循环农业模式，推进"主体小循环、园区中循环、县域大循环"三级循环体系建设。二是推进现代特色农业绿色增长潜力的"增量崛起"。坚持"工业思路抓农业""跳出农业看农

---

① 中共中央国务院. 关于全面推进乡村振兴加快农业农村现代化的意见 [EB/OL]. [2021-02-21]. http://www.gov.cn/xinwen/2021/02/21/content_5588098.htm. 2021-01-04.

业"的思想格局，大力推进农业产业园区建设，采取改造提升与新建相结合的方式，建成一批覆盖不同产业类型、不同地域特色、不同发展层次的现代农业产业园区。深度挖掘农业要素利用潜力拓展农业生态、休闲、文化功能，加快培育发展新产业、新业态、新模式，在农旅融合发展的产业链、价值链中形成现代特色农业新的经济增长点。重点加强园区基础设施建设和公共服务，优化营商环境，吸引农产品加工企业特别是龙头企业落户园区。三是重视现代特色农业产业链条延伸的"变量融合"。注重"粮头食尾""农头工尾"的整体性和协同性，基于德阳市农业第一产业基础条件好、第二产业较发达、第三产业培育充分的良性态势下，将第一、二、三产业的生产经营群体视野置于"产、加、销"整体之中，进而推动企业整合集聚、形成生产经营集群，实现产业链、供应链、价值链整体提升的新趋向。

（二）以技术创新体系驱动激发内生动力

超越粗放型经济增长模式之维的新增长理论提出"技术进步"是新生动力源泉，这就决定了从技术创新导向设计现代特色农业高质量发展的"科技创新化"整套方案。以科技创新为先导则需要在新发展理念的指引下遵循"谁来创新""如何创新"等技术规程。一是发挥农业领域高层次复合人才在农业科研中的优势。加大对农业领域高层次复合型人才引进力度，强化农业科研投入激发农业生产潜力，畅通技术创新的人才信息链。防止出现人才"解耦"效应的关键因素在于依靠政策支持留住人才。因此，要打破体制机制的障碍，畅通人才成长通道，创新人才评价机制，构建农业科技人才"引育留用"体系，这是建立人才与农业农村命运共同体的重要保障。二是依托农业科技园区推进农业科技成果转移转化。依托德阳国家农业科技园区，创建国家农业高新技术产业示范区，建立创新驱动产业发展的重点实验室、技术研究中心等公共平台，提高移动互联网、大数据、云计算等新技术的供给效率，加速农业科技成果的转移和转化，提升全产业链集群发展的科技水平，实现以技术创新推动特色产业优势向经济优势转化。三是在要素驱动转向创新驱动的过程中继续增加财政支持。现代特色农业高质量发展大都以物质性支撑为主，这就要求农业供给侧结构性改革的开展须建立经费供给机制。基本资金需求和弹性资金需求是其基础设置。当前，随着科技创新在农业经济增长中的耕作半径增加，拓展农业科技化、信息化工作所需要的资金缺口必然加大，可以通过鼓励多社会主体如企业、社会组织等加入农业技术创新活动，优化科技创新的资金供给路径。

（三）以市场要素体系优化推进供需平衡

从全要素对象识别来看，推进现代特色农业高质量发展，取决于能否跨越产品供给质量不高、买方市场相对过剩的"陷阱"，把规模与效益、品质与价值、供给与需求统筹起来，进而建立生产结构与消费结构"互耦"的经济社会体系。一是培育新型农业经营体系。市场要素体系优化离不开现代特色农业行为主体的培育，行为主体的协同参与直接影响现代农业高质量发展的成效。围绕提升组织化程度，大力发展家庭农场、推进合作社规划范建设、培育新型职业农民，培育发展多种形式的新型农业经营体系。制定出台鼓励和支持家庭农场发展的政策措施，积极引导符合条件的专业大户登记注册为家庭农场；规范发展农民合作社，将农民合作社发展的重点由数量向质量转变，增强合作社市场竞争力和助农增收能力；大力培育新型职业农民，全面建立职业农民制度，探索构建教育培训、认定管理、政策扶持"三位一体"的新型职业农民培育体系。二是优化农业产业供给结构。在保障粮油等主要农产品生产规模上，推进粮油品种升级换代以及经济作物、畜牧林渔等适度规模经营，推动产业结构转换，扩大市场供应半径。可以通过提升现代农业园区的功能定位，坚持集聚建园、融合强园、创新活园、绿色兴园，既突出园区的功能属性，又体现农业的规律特点，突出德阳地域特色和产业发展优势，在园区功能的确定上要有所侧重，明确园区的主导功能和附属功能，突出生产加工等功能，打造促农增收示范区。三是找准生产与消费之间的"平衡点"。在现阶段"双循环"的新发展格局下，以"扩大内需"为战略基点，则必然要求从供应链的角度认知农产品内需结构，进而提升农产品的市场总溢价。随着消费主体的需求提升、关注点转移、购物场景的转换，必然要求以消费为导向、市场为倒逼疏通需求侧与供给侧。因此，以市场需求为导向，将消费结构转换融入生产体系链条的前端、中端和末端全过程之中，统筹评估经济社会网络中多元消费主体的产品需求真实意愿，挖掘消费潜力，优化消费结构，走出一条公共需求和产业供给相匹配的质效之路。

（四）以特色品牌体系打造延展产业价值

农产品质量是连接农产品与消费者的重要纽带，是农业经济能否有效持续增长、竞争力能否提升的关键评估要素。打造特色品牌农产品应从系统观念出发，无论是做大做强区域公共品牌"蜀道"，还是继续打造德阳市农产品"三品一标"企业品牌，都应立足自身资源优势，挖掘本地农业特色，优化地域品牌要素，吸引更多优质农产品生产企业形成地域"品质化—安全化—特色化—集中化"的一体格局，形成在一定区域内具有较高市场知名度的品牌农产品，做到"人无我有、人有我优、人优我特"，才能达到扩大生产规模、提高市场份额的目的。一是强化政策供给。"三农"起源于国家的制度安排，以制度性的政策为主要手段，中央、省、市各级出台相应文件。从整体上谋划制度设计，研究出台系列文件，夯实农业农村人才优先发展的制度基础，才能让现代农业工作有规可依。成立德阳农业品牌发展领导小组，统筹规划农业品牌发展战略，以政策供给方式完善品牌创建激励机制，支持重要产品品牌、重点企业品牌、优势区域公用品牌做大做强。二是优化产销对接。健全的农产品产销对接体系是农业现代化的重要标志。农产品产销对接是从内容单一、聚焦贸易向服务产业全链条的转换。产销对接的最终目的是优化农产品生产、加工、营销、服务等环节领域的市场行为，从而提高农产品流通效率。在因地制宜地引进项目、创建特色品牌、发展高端精品农产品的基础之上，处理好上游市场与下游市场的关系，优化农产品产销对接路径。三是促进品牌推广。建立品牌营销推广体系，充分利用现代信息技术，发挥新媒体传播作用，以媒体传播、展销展示等为载体，形成品牌农产品进社区、进企业、进学校、进网站等空间格局，为农产品知名度提升和品牌正向效应激励形成巨大引力场。实施品牌战略，让品牌提升优质农产品的信誉、信用和市场号召力，才能倒逼高质量农产品的生产与供给。

（五）以生产组织规模突破释放溢出红利

无论是产业提档升级还是耕地要素质量提升，均需遵循现代特色农业空间规划、设计、优化等步骤，将现代特色农业发展实践转变为改革先行、开放支撑的方向发展，才能突破生产组织规模的制约，形成集约化、规模化、效益化的溢出变量因素。一方面，下好改革创新"先手棋"。通过做好政府职能转变、产权制度改革的"加法"与"减法"，优化农村集体经济组织运行机制，探索农村土地使用管理创新，挖掘集体资产股权有偿退出、抵押、担保等发力点，达到集体资产规范化管理的预期。建立健全农村土地承包信息管理系统，推动健全土地流转风险防范机制和土地纠纷调解仲裁机制，提高防范土地流转风险的法治保障，前瞻性做好农村土地承包经营权确权登记工作。另一方面，提升扩大开放"硬支撑"。依附于地域差异的农业资源禀赋各不相同，要实现基于区域比较优势、空间互补的农业高质量发展，区域开放发展、边界区域合作是重要承载界面。通过中央、省、市宏观政策统筹，避免地方本位、同质竞争、效率低下等"肠梗阻"问题。依托成渝双城经济圈建设，通过市场配置资源的宏观作用，促进产业错位发展、融合发展。构建区域协调的农产品市场体系，探索区域间数据共享平台建设，深化区域间农业经营主体的培训交流，进一步形成农业品牌共建共享合力，辐射带动成德眉资区域农产品促生产、深加工、拓销售的集群效应。

第六章　德阳文旅融合高质量发展

党的十八大以来，习近平总书记就文化和旅游的融合发展发表了一系列重要论述，深刻揭示了文化和旅游的内在联系，阐明了推动文化旅游融合发展的重大意义，是新时代文旅融合发展的根本遵循。2019年，德阳市文旅局挂牌成立，文化旅游深度融合发展拉开了序幕。德阳市从实际出发，着眼中国特色社会主义进入新时代的历史方位，着眼抢抓成渝地区双城经济圈建设国家战略和省委实施成德同城化战略的历史机遇，着眼满足人民群众对美好生活的文化旅游需求，着眼与成都共建世界级旅游目的地的重要契机，不断探索德阳文旅融合发展、高质量发展的有效路径。

第一节　德阳文旅融合发展的现状

德阳市积极从理念、机制、载体和要素四个方面着力，推动文旅融合发展改革，促进全市形成文旅融合发展的新局面。

一、加强宣传和教育，为文旅融合发展奠定了思想基础

（一）培养文旅融合首先是理念融合的意识

文化和旅游产业相通，业态相连。文化产业和旅游产业因其本质属性和特征具有天然的耦合关系。一方面，从本质属性上看，文化产业和旅游产业都是拥有经济、文化双重属性的综合性产业，二者融合发展有利于实现互动共赢；另一方面，文化和旅游是互补性产业。在稳增长、调结构、促改革、惠民生的新时代背景下，文旅

融合发展能够带动文化和旅游产业转型升级，催生新兴产业，激发企业发展活力，满足人们多样化、个性化、高品质的文化消费需求[①]。但是新中国成立以来，文化和旅游一直是两个各自独立的部门，各唱各的调，各弹各的曲，从机构到理念都没有融合过。直到2009年，文化部和国家旅游局联合下发的《关于促进文化与旅游结合发展的指导意见》明确提出"文化是旅游的灵魂，旅游是文化的重要载体"，才首次明确了文化和旅游的关系。2012年，中共中央办公厅、国务院办公厅印发的《国家"十二五"时期文化改革发展规划纲要》又明确提出"积极发展文化旅游，促进非物质文化遗产保护传承与旅游相结合，提升旅游的文化内涵，发挥旅游对文化消费的促进作用"，这就为两大产业互动融合提供了政策支点。党的十八大以来，党中央高度重视文旅融合发展，做出了一系列文旅融合发展的重大决策部署，特别是做出了改革文旅管理体制的重大决策，推动了文旅深度融合。但文化和旅游融合不是简单地将两个部门合在一起就了事，不是单纯地对文化资源进行旅游产业化的开发，也不是在旅游过程中添加一些简单的文化元素，更不是产业间的消融解构、此消彼长，而是一种发展思维、一种发展理念。文旅融合的基础是从理念和思维上树立融合发展的意识，明确文化和旅游融合不是简单的"拉郎配"，而是"宜融则融、能融尽融、以文促旅、以旅彰文"。因此，德阳市文旅局于2019年3月底顺利完成机构改革任务后，就围绕"我为文旅融合发展做什么"开展学习、讨论，刷新干部职工理念；通过集中学习培训、外出学习考察、专题调研等方式推动全市各级党员干部真正树立起文旅融合首先是理念融合的意识。

（二）树立文旅融合是产业融合的理念

文旅经济的发展必须依靠文旅产业的支撑。文旅融合的关键在于文旅产业价值链的融通。文化产业和旅游产业有各自的产业发展

---

① 范周. 文旅融合的理论与实践 [J]. 学术前沿，2019（6）.

规律和逻辑，文化产业附加值高、变现能力强且最具融合力。旅游产业消费感染力、产业带动力和经济拉动力强。只有找到文化产业和旅游产业价值链的契合点和融合点，才能充分发挥文化和旅游在产业发展中的相互作用及在整个社会经济中的推动作用。因此，德阳市从文旅局挂牌以来，就积极树立产业全链条的理念，在制定规划、政策及措施时，大力实施"文旅+"战略，既注重现有产业的发展壮大，又大力培育新业态，推动文化旅游与科技、体育、康养、工业、非遗等融合发展。

（三）树立文旅融合是资源融合的理念

文化旅游的灵魂在于文化资源所具有的独特性和原真性。文化旅游资源通过活化开发和利用，能够转化为具有持续开发潜力和优势的价值。此外，通过文化资源的产业化和商品化，能够将静态的物质资本转化为可为人们所感受和体验的文化资本，实现"文化产业的旅游化"和"旅游产业的文化化"。因此，德阳市深入挖掘文化旅游资源潜力，借助互联网信息技术和融媒体传播技术，推动优秀文化旅游资源保护和活化利用，向存量资源要效益，将资源优势转化为产业优势，释放经济发展新动能。

（四）树立文旅融合是科技融合的理念

技术融合发展给产业融合创新带来了新的发展机遇。在5G时代，文化旅游和科技深度融合，有利于触发文化旅游产品形式、组织形态、发展渠道以及生态环境的重大变革，带来文化和旅游产业呈现方式和体验感受的颠覆性改变，加快推动文化和旅游的深度融合[①]。因此，德阳市在文旅融合中高度重视文旅复合型专业人才的培养和引进，为文旅融合发展提供技术支撑。

二、摸清文旅资源，为德阳文旅融合发展夯实了资源基础

德阳是国家园林城市、国家森林城市、国家卫生城市、中国优

---

① 范周. 文旅融合，城市发展新动能［N］. 中国文化报，2019-01-21（7）.

秀旅游城市，历史文化积淀厚重。2020 年，德阳市完成全市文化和旅游资源普查工作，全面摸清了德阳文旅资源的情况。截至 2020 年，全市共有古籍、美术馆藏品、传统器乐乐种、地方戏曲剧种、非物质文化遗产、文物六大类文化资源共 58 470 个。其中国家级（一级）资源 539 个，省级（二级）资源 493 个，市级（三级）资源 3 539 个，县级资源 2 480 个，未定 51 419 个；截至 2020 年，全市共有旅游资源 5 774 处，分布于 8 个主类、26 个亚类、121 个基本类型，分别占标准分类中主类的 100%、亚类的 100%、基本类型的 92.4%。其中新发现文化资源 21 个，新发现新认定旅游资源五级 4 处，旅游资源四级 12 处。这些文旅资源中包括：文化资源方面，德阳境内有"沉睡数千年，一醒惊天下"的三星堆古蜀文明遗址、有三国文化遗踪白马关庞统祠、全国三大孔庙之一的德阳文庙、中国四大年画之一的绵竹年画、中国德孝城和特级英雄黄继光纪念馆等。自然资源方面，德阳市地处龙门山脉向四川盆地过渡地带。龙门山是一座具有 5 000 年文明史的天下名山，拥有多种全球生物，是世界北纬 30 度的地质奇观。龙门山是中国乃至世界的自然文化遗产富集区，生物多样性遥遥领先。德阳境内目前已依托龙门山建设有蓥华山风景名胜区、九龙山—麓棠山省级旅游度假区等一批自然生态旅游项目。文旅资源的全面摸清，为文旅融合发展奠定了坚实的资源基础。

三、政策措施逐步出台，为文旅融合发展提供了制度保障

（一）强化统筹协调机制

要将两个长期独立发展的部门融合在一起，离不开强有力的统筹协调，为此，德阳市成立了由市政府主要领导任组长，市委、市政府分管领导任副组长，31 个市级部门为成员的市文旅产业领导小组，建立了市领导联系文旅产业专班，形成了"1+2+1+3"（一个牵头领导统筹协调、两个协助领导配合负责、一个主要部门牵头实施、三个相关部门配合参与）的工作机制。制订工作方案，专题研

究包括产业功能区的发展目标、推动举措、扶持政策、产业布局等问题。重点督导全市重点文旅项目建设，解决项目推进中遇到的困难和问题，确保项目按期推进并落地见效。从2019年开始，每年都高质量举办文化和旅游发展大会，从打响特色品牌、推进业态创新、壮大市场主体、补齐设施短板和深化交流合作等方面对发展文旅经济进行安排部署，指导各县（市、区）推进文旅产业创新发展。这些措施进一步提振了全市上下大抓文化旅游的信心决心，营造了推动文化旅游融合发展的浓厚氛围。

（二）强化顶层设计机制

制定印发《关于大力发展文旅经济加快建设古蜀文化名城的意见》《建设古蜀文化名城中长期规划纲要（2019—2025年）》和《德阳市文化旅游产业融合发展扶持奖励办法（试行）》，形成了支撑文旅发展的"1+2"政策体系，明确提出了到2025年建成"古蜀文化名城和旅游特色精品目的地"的发展目标。德阳市与国际知名咨询企业麦肯锡等团队签约，启动编制《德阳市文化旅游产业战略》《三星堆国家文物保护利用示范区规划》《德阳文化和旅游十四五规划》等规划，预计2021年初完成规划编制工作。发布《德阳文旅白皮书》，制定出台《德阳市全域旅游发展专项行动方案》和《德阳市乡村旅游专项行动方案》等全市"1+9"现代服务业专项行动方案。

（三）完善文旅发展格局

一是优化发展布局。进一步优化"一核、一轴、两带、五区"发展布局，不断提升产业集聚化、差异化发展水平。"一核"，即三星堆国家大遗址保护利用核心区。"一轴"，即成德文旅一体化发展轴。"两带"，即深入挖掘大熊猫文化、酒文化、禅宗文化内涵，构建沿龙门山区域为主体的养生度假产业带。推动以调元文化、蜀道文化、民俗文化等为主题的文旅产业发展，构建以龙泉山区域为主体的户外运动休闲文旅产业带。"五区"，即德孝文化、三国文化、雪茄文化、年文化、红色文化五大文旅融合发展区。①建设德孝文化旅游融合发展区。以德孝文化为核心，不断拓展文化外延，开发家风家训、和谐家庭等主题旅游产品，加快德孝文化古镇建设，开发以体验传承为主的传统文化体验旅游区，打造国内一流的德孝文化观光体验与休闲旅游目的地。②建设三国文化旅游融合发展区。整合古蜀道、庞统祠、白马关、落凤坡、诸葛双忠祠等两汉三国秦蜀古道文化旅游资源，做强三国文化核心吸引力，创新丰富山地户外、汽车露营等业态，建设三国蜀汉文化和山地户外运动旅游区。③建设雪茄文化旅游融合发展区。加快雪茄风情小镇建设，推进雪茄烟田农业产业园、文创研学产业园建设，构建休闲农业、工业旅游精品线路，建设集农业种植、雪茄鉴赏、工业科普、休闲度假于一体的雪茄文化主题旅游度假区。④建设年文化旅游融合发展区。建设中国年画村、中华年俗村和中国年文化主题公园，加大绵竹年画文化创意开发，促进文旅资源综合利用和转化，推动以年画、年俗、年趣等为主题的文旅产业发展，建设中国年文化体验游目的地。⑤建设红色文化旅游融合发展区。充分发挥"英雄黄继光"红色文化旅游品牌优势，结合独特的丘区景观资源和深厚的地方文化资源，以文化体验、乡村旅游、滨湖旅游为主体，推出特色鲜明的复合型旅游产品，打造继光故里英雄文化体验旅游区。

二是明确总体目标。立足德阳文旅资源禀赋，找准文旅融合发展的切入点和落脚点，推动文化旅游各领域、多方位、全链条深度融合发展。根据省委、省政府"一核五带"文旅发展布局，结合德阳处于环成都文旅经济带的区位优势，加快创建国家全域旅游示范区，建设三星堆世界古文明研究和文旅高地，建成成都都市圈文化副中心，打造千亿文旅产业集群。三是瞄定具体指标。到2025年，实现"两个翻番""四个零突破"，即旅游总收入超过1 000亿元，接待游客人数超过1亿人次，在2020年的基础上翻一番；天府旅游名县、5A级景区、国家级文化（旅游）产业示范园区、百亿文旅企业四个方面实现零突破，进一步提升德阳的文化影响力、旅游吸引力、产品供给力和产业竞争力。

（四）强化项目服务机制

建立完善了"市级领导+县（市、区）+牵头部门+项目秘书"的项目服务机制，认真落实《德阳市领导联系指导产业发展工作方案》，市领导带头组织开展精准招商、协调推动项目落地。各县（市、区）一把手作为主要责任人，将文旅项目建设作为"一把手工程"，督促重点项目进展，围绕企业在项目推进方面的急难问题，主动靠前服务，研究解决具体困难和问题，一项一项地解决落实。

四、打造品牌建设项目，为德阳文旅融合发展提供了载体

（一）打造文旅产业融合示范区（基地），促进产业集聚发展

德阳市重点打造和开发了三星堆、绵竹年画、罗江白马关等园区；建成绵竹年画产业园"乡遇画里"文创社区和中华年俗村等项目；加快大孝故里、市杂技团、市歌舞团、文庙新天地步行街等20个市级文化产业示范园区（基地）建设。推动T39创意园、冶轴文创园、耕读园、陶板年画基地等文创园区（基地）建设，通过对原旧厂房文创改造，打造文化创意创新中心。推动剑南春"天益老号"酿酒工业遗址成功创建省级工业旅游示范基地。截至2020年，德阳市共有国家级文化产业示范基地1个（三星堆），省级文化产业示范基地2个（绵竹年画村、白马关三国文化产业园），评选命名市级文化产业示范园区5个，文化产业示范基地15个，国家全域旅游示范区一个（绵竹市）。

（二）打造三星堆世界级IP，建设世界古文明研究高地

一是加强保护传承。整合国内外高校资源和研究力量，建立古蜀文明保护传承工程学术中心，科学有序开展考古发掘和学术研究工作，定期举办高端学术论坛，把三星堆打造成为世界古文明研究高地。二是加快基础设施建设。引进虚拟现实（VR）、增强现实（AR）、全息投影等技术，加快综合馆和青铜馆的改造升级，推进博物馆新馆建设，加快推进三星堆遗址、金沙遗址联合申报世界文化遗产进程。三是抓好开发利用。加快推进5A景区创建工作，引

进国内外著名文化企业，共同打造集遗址观光、文化体验、研学旅游等于一体的三星堆"大遗址"知名文旅精品，开发三星堆电影、动漫、文学、游戏等文创产品，实现从"门票经济"到"文创经济"的跨越。四是深化"三九大"品牌合作。全面落实与成都、九寨沟签订的战略合作协议，联合开展"三九大"全国性和国际性品牌营销及市场推广活动，共同抓好旅游环线设计、旅游项目整合、三方客源共享等工作，共同推进品牌共建、宣传共推、市场共享、项目共进、人才共用，打造四川文旅拳头产品。

（三）建设文化旅游重大项目，促进文旅相互渗透

加快推进绵竹PPP项目、和海田园综合体、天府冰雪世界、中国雪茄小镇、中江挂面村、中江石林谷等重点文旅项目建设，做好孝泉文化古镇等24个储备项目的策划、包装、招商工作。德阳市文博中心、什邡度假酒店建设项目、蓥华山旅游康养产业园、继光湖+红色文化产业园、西蜀泉乡温泉小镇（一期）、三星堆古蜀文化遗址博物馆及附属设施工程项目六个项目纳入市级加快前期项目。2020年，德阳市广汉三星堆入选第一批国家文物保护利用示范区创建名单，是全国核定的六个示范区之一。德阳市杂技团的《吴哥王朝》入选国家文化出口重点项目。

（四）加强文旅阵地建设，促进文旅服务水平共同提升

围绕基本公共服务标准化、均等化，构建起覆盖城乡的四级公共文化服务体系，实现"五馆一站"免费开放。德阳市有3个全国文化先进县，1个省级公共文化服务示范县。德阳市在景区创建和景区管理上同时着力，大力营造良好的服务环境，提升景区服务水平和旅游影响力。2020年德阳市创建国家AAA级旅游景区1个、AAAA级旅游景区1个，金树叶级绿色饭店1家，全省首批公共文化服务示范县1个（什邡市），全省图书馆总分馆制试点1个（广汉市）。

五、打造文旅品牌，为德阳文旅融合发展树立了形象

举办"德意阳阳过新年""花海漫漫乐游德阳"、第二届"魅力德阳·美丽乡镇"——大型乡村文化旅游品牌竞演活动、"中国旅游日"主题活动德阳分会场、第六届环龙门山骑游活动、端午文化旅游周、"清凉一夏"系列活动等重大主题节会活动。2020年，新创建房湖3A、花坞·御景园3A、马祖故里3A、李冰文化旅游景区3A四个A级旅游景区。2020年，绵竹市成功创建为国家全域旅游示范区，绵竹市新龙村成功创建第二批全国乡村旅游重点村，绵竹市孝德镇入选全省文旅特色小镇，绵竹新龙村、盐井村、玫瑰新村、广汉市友谊村、罗江区星光村五个村成功创建省级乡村旅游重点村。

六、加强区域合作，为德阳文旅融合发展提高了知名度和影响力

(一) 加强与省外城市的旅游联合

为整合川陕地区的古蜀三国文化旅游资源，德阳动议，联合西安、成都、德阳、绵阳、广元、汉中六市签订了"两汉三国·秦蜀古道"旅游黄金走廊区域合作联盟。旨在六城规划对接、产业协同、市场共享、环境优化等方面开展深度合作，共同打造黄金走廊品牌，促进沿线旅游产业加快发展。

(二) 组建与省内城市的旅游联盟

德阳市牵头组建了大九寨黄金旅游联盟，联盟各城市在精准营销、旅游招商、线路整合、管理互联等方面签订了合作协议，为大九寨环线的再次繁荣做好了充分的准备。德阳市成功纳入成都航空口岸144个过境免签城市，方便了德阳入境旅游。

(三) 成德同城化文旅方面互动频繁

德阳市签订了《成德文化同城化发展合作框架协议》，以"成德文化共享"为主题，开展文化交流活动。三星堆博物馆与金沙博

物馆签署"成德同城化"战略合作框架协议,在学术研究、陈列展览、遗产申报、宣传推广、票务合作等方面开展战略合作。制定《三星堆与金沙遗址深度合作方案(初稿)》,重点在联合申遗、办展、外宣、研究和文创五个方面加强合作,建立健全联席会议制度,协商解决合作重大事项。

七、整合市场,为德阳文旅融合发展提供要素支撑

(一)以企业为核心培育市场主体

制定出台《德阳市文化旅游产业融合发展扶持奖励办法(试行)》,从培育新业态、壮大龙头企业、鼓励创先评优等方面加大政策扶持力度。同时,采取走出去"敲门招商"、引进来"开门招商"的方式,赴成都、深圳、天津、西安、重庆等地招商引资。白马关产业园成功引进浙江中唐集团投资30亿元的"古蜀·天元谷"项目,与中国林业集团有限公司签订战略合作框架协议,建设投资百亿的大熊猫国家公园创新示范区。

(二)以平台为基础强化宣传推广

依托央视、川台、《四川日报》等国家级、省级主流媒体,刊载专题宣传报道30余条。积极搭建抖音、今日头条等新媒体宣传平台,进一步拓展营销渠道。先后组织三星堆、绵竹年画等参加西安丝绸之路国际旅游博览会、北京旅游博览会、第六届中国西部旅游产业博览会、深圳文博会、第六届四川国际旅游交易博览会、"南方丝路·熊猫之都"成都文旅推介会(广州站)等文旅投资推介展会活动,深化对外营销推介。参加"三九大"文化旅游联盟品牌战略发布会、"大九寨"文旅联盟推广活动、"大遗址"文旅联盟推广活动、"大熊猫"文旅联盟推广活动等文化旅游活动,全力打造"三九大"四川旅游名片,提升古蜀文化旅游品牌的知名度。

(三)以技术为抓手,加大文化创意开发

三星堆首部3D动漫《荣耀觉醒》陆续在央视少儿等全国多个电视台播出,多次获同时段动画片收视率第一。在2019中国特色旅

游商品大赛中，旌风缘·思竹饰品系列、三星伴月堆·三星堆无线充电系列分别获金奖，废墟·三星堆精酿啤酒系列获得银奖，金奖数量在省内各市州中位列第一。

第二节　德阳文旅融合发展存在的困难和问题

近年来德阳文旅融合发展取得了长足发展，但体制机制不健全、文旅基础不平稳、政策支持不持续等问题仍然突出。

一、文旅主题单一，和城市发展定位不匹配

文旅融合发展需要有明确的主题，文化主题鲜明突出，城市旅游文化记忆才深刻，才能很好地推动文旅深度融合发展。一个城市的文旅主题应该和城市的功能定位相匹配。德阳高质量发展的功能定位是：建设世界级重大装备制造基地、建设国家科技成果转移转化示范区、建设城乡一体化的高品质生态宜居地、建设著名文化旅游目的地、建设绿色发展示范区。但目前在德阳文旅主题的打造上，主要着力点是三星堆。"沉睡三千年，一醒惊天下"的三星堆是古蜀文明的代表，作为德阳文旅主题，它是当之无愧的。在三星堆文化主题的打造上，德阳在不断努力。"十三五"期间，德阳曾将"世界三星堆，天府大花园"作为城市旅游品牌，但由于宣传推广不到位，知名度较低。随着考古新发现，三星堆的热度不断攀升，知名度不断提高，其作为德阳文旅的主题已经打造到位。但是一花独放不是春，百花齐放才能春色满园。德阳市文化资源丰富，三星堆无法尽显德阳的城市形象和气质，也形不成整个德阳文旅产业的强劲发展态势。我们还需要进一步将德阳的其他文化资源赋予旅游的形态，丰富德阳旅游的文化内涵，由点成线，由线到面，由面成体，打造全域旅游新格局，吸引不同层次、不同地域、不同需求的游客前来观光。

比如，德阳的工业文化。德阳是中国重大技术装备制造业基地，从20世纪50年代的国家大工业布点建设到三线建设，从三线调整改造到重装之都，从中国重大装备制造业基地到装备智造之都，德阳始终肩负着国家赋予的光荣使命，镌刻了一个又一个属于德阳的特殊印记。德阳市先后建成了中国第二重型机械集团公司、东方电机股份有限公司等一批国内一流、世界知名的重装制造企业，重工业城市是德阳留给许多人的印象。德阳还需将工业文化、三线精神融入旅游之中，既丰富德阳旅游的独特文化内涵，又提升德阳的知名度和影响力。但目前，这方面的工作才刚刚起步，仅仅建成了德阳三线工业博物馆、冶轴文创园等，知名度还不是很高。此外，德阳还有全国三大孔庙之一的文庙，全国四大年画之一的绵竹年画，这些都应该挖掘打造，从而形成德阳丰富多元的文化主题，支撑起其"著名文化旅游目的地"的美誉。

二、文旅资源价值转化不足，旅游产品体系不丰富

德阳文旅资源丰富，但从经济总量和产品打造来看，其资源价值还未充分转化。旅游产品结构大部分仍以观光旅游为主，深度体验文旅产品不足，度假产品体系尚不完善。都市旅游产品、商务会议旅游产品、会展旅游产品、康养旅游产品等专项旅游产品还处于初步发展阶段。

（一）自然类资源生态价值转化不足

德阳市有平畴沃野、雪山森林、规模巨大的文家沟巨型滑坡、泥石流治理工程之典范的文家沟泥石流治理工程，世界上独一无二的晚三叠世深水硅质海绵礁汉旺海绵礁，龙泉山和龙门山两大生态山地，蓥华山风景名胜区，石林谷，集成片原始森林和大熊猫、川金丝猴等珍稀动植物为一体的九顶山风景名胜区和九顶山大熊猫自然保护区等资源，但这些地区配套设施不足，接待能力有待提升。绵竹九顶山现在还处于未开发阶段，九龙山目前仅引入了麓堂温泉酒店、中国玫瑰谷等少数精品项目，其余多为民宿等农民自发性低

档项目，业态单一，季节性较强，缺乏规模大、业态新的精品项目的打造。

（二）文化类资源融合活化利用不够

德阳全市有六大类文化资源共 58 470 个，包括古蜀文化、三国文化、李冰文化、马祖文化、调元文化等多元人文资源。但目前文化资源的活化利用还不足，多停留在保护展示阶段，与旅游融合度较低。如三星堆、白马关等还缺乏体验性、互动性产品，产业链条有待拉伸。罗江周家坝、什邡李冰陵的文化内涵还没有进行深入挖掘，从而导致文化和管理上只有支出，没有收入，无法实现自身"造血式"经营。

（三）工业类资源整合开发潜力尚未释放

我国目前已形成完整的工业体系，工业旅游已全域铺开并涵盖40 多个工业大类，开发空间十分广阔。德阳作为中国重大技术装备制造业基地和全国三大动力设备制造基地之一，"三线建设"历史遗址众多，工业资源优势独特。但由于开发方向、管理体制、产权等问题，除了冶轴文创园、金鑫公司老厂遗址等外，德阳工业旅游资源尚未得到有效开发，潜力还需进一步释放。

（四）乡村旅游资源新业态创新水平不高

目前，德阳市规划建设特色小镇 24 个，农业产业园区（基地）82 个。但整体业态较为单一，尤其是山区多为自发民宿产业，德阳市乡村特色核心资源挖掘不够，业态创新能力不足，乡村相互之间联合资源创新能力有待加强，产业协同性不强、整体功能发挥不充分。

三、文旅基础设施不完善，文旅公共服务融合有待加强

（一）文旅基础设施和配套设施不完善

"十三五"期间，德阳市优先发展的旅游景区、城镇的基础设施建设得到质的提升，但是基于文旅高质量发展的现实要求，还存在建设水平参差不齐、空间布局不平衡等问题，特别是对具有较高

发展潜力的特色旅游资源，旅游基础设施建设相对滞后。景区景点的通达道路等级低，停车场、道路标识标牌等交通设施缺乏且不标准。文旅公共服务配套和功能融合力度不足。各区县城市文化公共休闲空间配套不足，缺乏广场、步道等群众活动场所，沿河绿道和配套基础设施缺乏，博物馆、图书馆还存在防水系统不完善、面积狭小等问题。

（二）文旅公共服务水平仍有较大差距

德阳市在汽车租赁、旅游公共信息咨询、旅游气象服务体系、解说系统、标识系统等城市公共服务设施配套方面还存在不足，各个景区内信息化建设程度也较为薄弱，跟踪系统、监控系统等都不完善。交通方面，德阳暂无客用机场，对外交通以陆路为主。

四、文旅市场主体薄弱，龙头企业有待培育

（一）文旅市场经营主体小、散、弱

德阳市文旅市场主体发育不充分，文旅经营主体总体规模偏小，表现为"小、散、弱"的状态，缺乏规模大、带动能力强的骨干企业。2019年虽然组建了德阳市文旅集团，但尚未充分发挥平台作用，缺乏核心竞争力；目前尚没有国际性旅游行业组织在德阳落户。

（二）缺乏文旅龙头企业带动

政府对中小旅游企业扶持政策缺乏，中小文旅企业向专业化、特色化、创新化发展的动力不足，龙头企业的创造能力薄弱，创新能力较差，对文旅的提升带动作用小，德阳尚未形成以文旅骨干企业为龙头、大中小文旅企业协调发展的格局。

五、文旅保障不充分，体制机制、资金、人才支撑有待提高

（一）运行体制不畅

德阳文旅机构改革时间不长，在文旅融合发展的实践中体制障碍时有发生。一是"两张皮"现象突出。当前德阳文旅融合发展的

体制运行还处在磨合期。机构、人员、职能融合刚刚起步,机构合了,人员也合了,但是职能并没有真正融合。过去文化部门的人还是干着文化方面的事,过去旅游部门的人还是干着旅游方面的事,还没有真正从融合发展的角度去谋事去干事,因此,文旅融合发展,有的工作处于"真空"和"失管"的状态。二是"两头管"问题突出。文旅部门归口党委宣传部管理,但文旅机构作为政府组成部门,其经费来源、项目建设、行业管理、政务审批等行政工作都属于政府职能,许多具体工作需要政府来协调落实。体制不畅直接影响到文旅融合发展的政策制定,在规划布局、人才、土地、税收、金融、法制等方面的文旅产业政策与文旅产业战略还不配套。

(二)资金保障不足

政府在文旅产业投入上没有实现与财政同步增长,而且用于文化产业的经费占比较低,据统计,近年来用于文旅产业发展的专项资金占比不到30%。政府在调动社会资本参与方面的力度也不够。具体表现在:文旅产业整体投入不足,项目开发利用、挖掘研发、资源整合、包装推介等前期资金欠缺,缺乏对社会资本吸引力,文旅企业融资困难、资金不足仍然是制约其发展的瓶颈和难题。近年来,上100亿元的项目几乎没有,尚未形成具有影响力、标志性的"德阳产能"。

(三)人才缺乏,融合创新相对滞后

旅游1.0时代,旅游产业发展的程度,主要取决于旅游资源的数量。旅游2.0时代文旅融合发展的成效,则取决于文化创意,创意需要人才。文化和旅游,过去作为两个独立的部门,长期各自为政,包括人才培养,加之实践中文化和旅游两个部门也少有交集,因此,文旅复合型人才严重缺乏。德阳作为地级市,重装一直是其特色,在经济社会的发展中,政府将着力点更多地放在了工业经济上,对文化和旅游人才的培养和引进着力不多。面对文旅融合发展,文旅复合型人才短缺问题突显,德阳文旅融合高质量发展还缺乏专业人员和专业团队。

第三节　推进德阳文旅融合高质量发展的对策研究

推进文旅融合高质量发展，德阳需要进一步依托以三星堆、三国蜀汉文化为代表的文化资源，以龙门山、龙泉山多形态兼备为代表的自然资源，以"三大厂"为代表的工业旅游资源等，与成都共建旅游目的地，共同开发成德两地文化资源、深化旅游合作、打造文旅品牌，抓住机遇，发挥优势，努力把德阳建设成为文旅融合高质量发展的旅游目的地。

一、高水平编制规划，引领文旅融合发展

德阳文旅融合高质量发展，需要有高水平的规划引领。要充分用好与全球知名咨询公司麦肯锡合作的契机，借助其全球视野、丰富资源、团队力量优势，高质量编制《德阳市全域旅游战略》，力争形成德阳未来30年全域旅游发展的战略指导。站高望远，以国际视野谋划发展，以国际标准指导开发建设，以国际化的需求引领产品设置，统筹推进国内、国际市场协同发展，全面提升德阳文旅发展的知名度和美誉度。要站高谋远，确定发展战略。以"古蜀秘境、神奇德阳"为定位，以"古蜀探秘、康养度假、工业旅游"三大核心主题产品为支撑，以"双融"战略为引领，即"融入"成渝，文旅"融合"。融入：通过龙门山、龙泉山等，实现旅游交通、旅游产品、旅游线路、文化共建、市场营销一体化发展，融入成都文旅经济发展核心区，打造环成都旅游经济带上的副中心，成为成德同城化发展的重要支点。融合：深入推进文化和旅游产业聚合发展模式，全面推进三星堆国家级文物保护利用示范区建设，构建文旅产业功能区，发挥产业链效应，变加为乘，形成强大的文旅新经济体系和知识产权（IP）体系。到2025年，将德阳建设成为古蜀文化名城，国家级文化出口基地，成渝地区双城经济圈文旅副中心和巴蜀

文化旅游走廊上的重要地标城市，与成渝共建世界重要旅游目的地。

二、全力创建三星堆国家文物保护利用示范区

三星堆考古的新发现，丰富了文物种类，提高了研究价值。我们要以此为契机，进一步加快建设"一馆两园"。按照"国内领先、国际一流"的标准，加快推动三星堆博物馆新馆、三星堆考古遗址公园、三星堆文化产业园区建设，打造四川省标志性、引领性的枢纽项目。打造世界级文化 IP，加强三星堆遗址的研究、发掘和保护，科学有序开展三星堆 3~8 号坑的考古发掘工作，推出更多有影响力的研究成果；广泛推动三星堆文化资源开发利用，形成一批像《金色面具》、3D 动画《荣耀觉醒》等一样有影响力的作品；引进国内外知名文旅企业，打造集遗址观光、文化体验、商务会议、主题游乐、研学旅游、度假休闲功能于一体的主题文化旅游园区。擦亮金字招牌，全面深化"三九大"和"大遗址"联盟合作，推进品牌共建、宣传共推、市场共享、项目共进、人才共用，全力提升三星堆的国际影响力；提高三星堆大祭祀、三星堆戏剧季、三星堆面具狂欢节等活动的知名度，推动三星堆与金沙遗址申报世界文化遗产，创建国家文物保护利用示范区，创建国家 5A 级景区，推进三星堆古蜀文明全球巡展，彰显三星堆"中国礼品"和"四川名片"的魅力。

三、集中攻坚项目建设

抓重点项目，面向成渝特大中心城市群，全力推进大熊猫国家公园创新示范区、中国玫瑰谷、和海田园综合体、天府冰雪世界、"石林谷"旅游景区、九龙运动小镇、旌阳和新"辣椒小镇"等 20 余个全省、全市在建项目。抓优质项目储备，培育推出一批成熟项目，打造提升一批精品项目，以项目带动发展，以精品辐射全域。抓项目管理服务，分级分类推进项目前期立项、用地、选址、环评、科研等工作。抓招商引资，将"走出去"与"引进来"相结

合，积极组织各种投资推介活动。做好孝泉文化古镇等24个储备项目的策划、包装，与华侨城、保利、华谊兄弟、漫说文旅、四川音乐学院和北京天鸿控股集团等知名企业开展对接协商，力争引进落地优质文旅项目。

四、着力打造文旅品牌

品牌就是口碑，品牌就是影响力。德阳要依托"三星堆"与"两汉三国秦蜀古道"两大国际旅游品牌的知名度和影响力，加快德阳多元化文旅品牌的打造，努力构建"立足成都，背靠陕甘渝，辐射西部，联通全球"的文化旅游发展格局。

（1）打造活动品牌，扎实做好川菜川剧国际文化周、"魅力德阳、魅力乡镇"大型乡村文化旅游品牌竞演活动、中国罗江诗歌节等品牌活动，高规格策划并举办巴蜀文明对话大会、巴蜀文化嘉年华、三星堆金色面具狂欢节、白马关三国文化暨国际户外大赛等具有竞争力的文旅品牌推广活动。

（2）打造演艺品牌，整合资源，引进实力强的投资商以及国际知名创作团队，打造一台以"古蜀秘境，三国传奇"为主题的大型文旅驻场演艺，在成德两地大剧院专场演出。

（3）打造线路品牌，紧扣大熊猫、古蜀文化、冰雪温泉等特色文旅资源，加强与成都的旅游线路联合，着力打造熊猫故乡之旅、古蜀文化之旅、非遗文博之旅、冰雪温泉之旅等高品质、体验独特、特色鲜明的精品线路和旅游产品，共推旅游"大品牌线路"。

五、拓展产业融合范围

随着经济和信息技术的快速发展，产业融合成为一种新型发展趋势和经济现象。产业融合不仅能推动产业结构调整，提升产业核心竞争力及附加值，而且能为经济社会向高质量发展迈进提供新动能。因此，推进德阳文旅融合高质量发展，还需大力推进"文化+""旅游+""文旅+"等，通过产业融合，催生文旅融合发展的新业态。

（一）推动文旅与农业、林业、水利、气象等融合发展

要大力培育龙门山和龙泉山生态康养带，支持发展山地度假、中医药康养、农耕体验、森林观光、特色民宿等业态，加快中国熊猫谷、天府冰雪世界、半山博物馆群落等重点项目建设。加快制订精品民宿标准，支持乡村民宿集群建设，打造民宿产业示范带，丰富美丽乡村建设文化内涵。

（二）推动文旅与科技、教育、卫生、体育等融合发展

要加大对科普创意、研学旅行、健康养生、体育赛事等的支持力度，打造一批科技旅游综合体、中医药旅游示范基地、体育旅游线路。以"文旅+体育"为例，建设罗江白马关运动休闲特色小镇、绵竹九龙山山地运动公园、广汉三水中国西部钓都等示范项目，打造国家级体育旅游精品景区。

（三）推动文旅与交通、工业、商贸等融合发展

交通是文旅产业发展的基础支撑和先决条件，旅游交通能实现德阳市旅游的"快进"和"慢游"。绿化美化成德大道、成德南高速、成都第三绕城高速等互联互通骨干通道，打造成德一体绿色生态走廊。通过德阳市天府大道北延线的建设，在沿道路两侧打造特色景观，发展乡村旅游、农家乐等旅游业态，形成一条特色景观带。利用工业企业、工业园区、工业展示区、工业遗产等开展工业旅游，发展文旅装备制造业，推进旅游业与工业的融合发展。利用东汽、金鑫、冶轴等工业遗址，建成一批工业遗址公园、文化创意园区。依托"三线"建设、航天科技、水电工业等资源打造"三线"文化观光走廊。

六、加强文旅融合区域协同发展

我国行政区划和文化区划在空间上分布的不一致，阻碍了文旅融合的高质量发展，因此，德阳推进文旅融合高质量发展，还需着力推进区域间的统一协调和广泛合作。

通过整合文化旅游资源，避免恶性竞争，推动区域文化旅游一体化发展。

在省内，要利用成德眉资同城化发展的契机，依托"三九大""两汉三国秦蜀古道""巴蜀文化走廊"等国际旅游品牌知名度和影响力，共建"大遗址、大九寨、大熊猫、大灌区"等文旅发展联盟，积极参与区域文旅协作行动。围绕环成都文旅经济圈，深化"资源开发、重点项目、精品线路、品牌活动、营销推广、创新服务"等合作。重点推进三星堆—金沙古蜀文明联合申遗、大熊猫国家公园、龙门山国家地质公园、龙泉山城市森林公园等合作项目，共同打造古蜀文化之旅、熊猫故乡之旅、两汉三国秦蜀古道之旅等全省精品线路和拳头产品。围绕"大成都"，强化功能补位，重点开发休闲康养、山地运动、年俗年味、温泉度假等产品。形成成德眉资协同发展、错位发展的态势。

在省外，德阳要抓住成渝地区双城经济圈建设、川渝共建巴蜀文化走廊之机，推动文化走出去，大力塑造德阳城市形象和品牌，讲好德阳故事，传播好德阳文化，不断增强德阳的文化软实力。

七、加大市场主体培育

文旅融合高质量发展，离不开文旅企业的主体作用。德阳要进一步培育文化旅游龙头企业，支持中小企业特色化发展，推动资源重组整合。

（一）壮大龙头企业

大力推进文化旅游产业市场化进程，创设新机制，组建德阳市文化旅游发展投融资平台公司，逐年递增文化旅游发展专项资金，整合全市文旅资源，加快资源向产品转化。支持蓝剑包装、德阳杂技团、乐途旅游等一批文化和旅游骨干企业做大做强做优。主动对接省旅投、成都文旅集团、华侨城西部投资等龙头企业与市文旅集团共同参与德阳文旅项目开发、建设和打造；依托大熊猫国家公园等标杆项目的市场前景，重点引进洲际、万豪、希尔顿、凯悦等国际知名酒店，以高端度假型酒店与精品旅游产品为突破，解决"过夜游客"难留德阳的问题。

（二）扶持小微企业

加大政策、金融、用地、人才、市场拓展等方面的扶持力度。把支持小微文旅企业发展与"大众创业、万众创新"紧密结合，推动文化旅游领域创新创业，培育扶持一批"小而美""小而优"的小微文化旅游企业。培育一批特色餐饮、旅游民宿、文创商品等新型文旅企业。

（三）优化营商环境

文旅企业发展壮大，同样需要良好的营商环境。各级各部门要深化"放管服"改革工作，进一步建立健全联系走访企业制度，切实当好企业发展的导航员和服务员，深入贯彻中央、省委关于降低实体经济成本和支持产业发展的各项政策措施，全面落实促进民营经济健康发展26条政策措施等，进一步明确和完善文旅企业在土地、税收、融资等方面的相关政策措施，提高政策含金量，激发文旅企业做大做强的积极性。

八、强化保障

文旅融合发展，机构融合、人员融合仅仅是第一步，最关键的是理念融合、体制机制融合、载体融合、要素融合等，这些都需要从各方面强化保障。

（一）强化机制保障

要进一步推进文旅融合，促进文化和旅游管理机构职能融合，夯实文旅融合体制机制，完善文旅部门的职能，深化文旅一体化。建立文化、旅游、商务、体育等多部门联动机制，加强信息共享、渠道互通、项目共建等工作，形成重点联动项目的示范效应。加快资源一体化，推动国有资源向市场化转变，进一步活化资源，加大资源利用。成立功能区管委会、乡村旅游合作社、都市旅游管理协会等组织，将文旅部门不该承担或者不再必要的管理职能逐步放权于市场、放权于基层、放权于协会,不断提高行业协会自身建设的水平。介入专业团队,不断对资源进行更高效开发。建立景区管委会,统筹联合不同区域,打破行政区划,共同对资源进行开发、设计、管理。如建立继光湖旅游管委会,统筹继光、龙台两镇,对继光湖旅游发展进行统一管理,促进资源利用最大化。加强文旅公共服务的融合与服务能力,赋予文旅公共服务旅游功能。加快完善图书馆总分馆制度,拓宽文旅融合发展路径,促进文化和旅游相融共生。加强机构功能的融合,大力推动"五馆一院"与旅游功能相结合。加强文旅基础设施中旅游公共服务和旅游产品宣传元素。在游客中心、游客集散地等游客聚集区积极引入图书馆、文化馆分馆、影剧院、书店等文化设施,统筹实施文化和旅游服务惠民项目,提高文化和旅游公共服务的效能。

(二) 强化政策保障

在机构合并之前,文化和旅游部门各有一套完整的政策体系。机构改革之后,亟须对原有的文化和旅游政策体系进行全面梳理,出台更为完善、科学的文旅融合发展政策体系。比如出台《德阳市关于促进文旅业发展的若干政策措施》,从市级层面对德阳文旅产业发展、配套资金、产品体系建设、产品营销、产业用地、人才培养等给予充分的支持。完善招商引资和创优扶强奖励政策,如降低旅游小额信贷的准入门槛,对文旅金融服务创新给予财税、投资、人才、技术等政策支持,营造民间资本投资文旅产业的良好环境。如对外资企业实行"两免三减半"政策,鼓励外资企业对德阳的投资与落户。切实为文旅产业高质量发展提供政策保障。

(三) 强化人才保障

首先,德阳是中国西部职教基地,职教院校多、职教资源丰富。德阳市要依托本地职业院校,加强文旅相关专业建设,推动现代旅游职业教育和职业技术人才培养,培养更多的文旅高端人才。充分发挥德阳市文创设计师和非物质文化遗产传承人的作用,依托三星堆文博馆、数字小镇、绵竹年画等建立旅游商品设计研究中心和文创产品研究中心,积极培养一批旅游商品设计人才和文创商品创作人才,孵化聚集一批创意人才和创意企业,引导德阳市文旅商品生产向精品化、特色化、规模化方向发展。其次,实施人才引进措施。制定人才引进鼓励政策,引进一批文旅规划、文旅投融资、文旅项目运营、旅游大数据运作等方面的文旅高层次管理人才、专业技术人才及紧缺型人才。最后,建立文旅智慧库。成立由德阳市内各高校、各相关专业专家和市外特聘专家共同组成的"德阳文旅智库",开展德阳文旅产业发展的基础理论、政策和重点、难点问题的研究,对德阳市文旅产业发展中的重大问题进行决策咨询。积极与国内外知名智库和研究机构合作,为德阳文旅发展提供最具前瞻性、科学性的发展思路,为德阳文旅产业相关规划提供智力支持。

(四) 强化资金保障

要加大财政资金的直接支持力度,积极发挥财政资金的撬动和杠杆作用,建立文旅融合发展融资平台。建立专门的文旅融合发展基金,吸引更多的社会资本参与文旅产业发展。发行地方政府专项债券,重点支持有潜力的文旅项目建设。

第七章 成德产业协同高质量发展

成德两地地理相接，山水相依、生态相融，两地在民间的合作由来已久。2009年12月，随着成德绵三市首届规划合作联席会议的召开，成德两地政府间的合作正式开始。2013年8月，成德两市签署了同城化发展"1+8"合作协议，约定就规划、工业经济、交通、教育、旅游、水源地保护、金融八个合作事项建立推进机制。2017年5月《成都市人民政府德阳市人民政府推动成德一体化发展合作备忘录》的签署，将成德两地一体化发展引向深入，两地将从更高层面、更深层次加快一体化步伐。2020年以来，随着"成渝地区双城经济圈"建设和"成德眉资同城化发展"等国家和四川省重大战略的提出，成德同城化迎来了前所未有的发展机遇。德阳市委市政府将其视为三线建设、改革开放以来德阳面临的第三次重大历史机遇。而要抓住此次机遇，更好推动成德同城化，成德产业协同是其重要支撑。

第一节 成德产业协同发展现状分析

产业是一个城市发展的重要支撑，而产业协同则是两个或多个城市同城化发展的重要经济基础和纽带。成都作为国家战略布局的国家中心城市，西部地区重要的经济中心，科技创新能力十分强大。成都拥有四川大学、电子科技大学、西南交通大学等著名的科研院校以及中国电子科技集团第十研究所、中国航天科技集团第七研究院、成都飞机设计研究所、核工业西南物理研究院、中国科学院成都生物研究所等国家级科研机构，在信息安全、轨道交通、磁悬浮、口腔医学等领域具有较强的国际影响力和竞争优势。德阳作为中国重要的机械制造基地，拥有中国二重、东汽、东电等一批世界知名的龙头企业，制造实力雄厚。近年来，德阳以发电装备、油气钻采设备、重型机器成台套设备、大型铸锻件等为重点，培育了一批"国之重器"，形成了以能源装备、冶金装备和油气装备三大特色领域为主导，智能装备、应急装备等为支撑的重大装备制造产业体系。成都和德阳，一个具有显著的创新能力，一个具有突出的制造优势，在产业协同发展方面具有天然的互补性。近年来，成德两地坚持优势互补、错位发展，产业协同发展取得了一定实效。

一、协同发展规划不断完善

成德两地重视通过共同编制产业发展规划来引领产业协同发展。目前，成都和德阳已先后共同编制《成德工业同城化发展规划（2019—2022年）》《成德眉资"三区三带"空间规划》《成德同城化发展空间规划》《成都都市圈产业协作发展实施方案》《成德同城化发展"十四五"规划》《培育成德高端能源装备产业集群实施方案》《德阳市推动产业功能区高质量发展工作考核方案》等多个重要发展方案，为产业合作提供了方向性指引。其中，《成德工业同城化发展规划（2019—2022年）》聚焦产业分工协同、产业创新协同、统筹产业布局协同、推动产业要素协同、健全协同发展机制、共推工业绿色发展六个方面提出了具体措施。《德阳市推动产业功能区高质量发展工作考核方案》则主要从产业功能区合作方面出发，加快推动凯州新城——东部新区协作共建，强化德阳经济技术开发区、德阳高新区产业配套能力，全面参与成都产业生态圈建设发展。

以上成德同城化发展规划、实施方案，围绕成渝地区双城经济圈建设、成德同城化发展、基础设施补短板等重点领域，聚焦交通、数字经济、先进制造业、医疗卫生、养老、生态环保等15个方面，谋划成德同城化项目653个，总投资1.1万亿元。其中，先进制造业项目71个，总投资1 231亿元；特色产业（食品）项目12个，总投资118亿元；科技创新平台65个，总投资1 099亿元。

二、产业联盟不断增多

自20世纪70年代末起，产业联盟开始在美国、欧洲、日本等发达国家和地区蓬勃发展。20世纪90年代以来，产业联盟在我国也日益兴起，并不断发展。当前，产业联盟成为一种重要的产业组织形式，对跨区域整合比较有优势，充分发挥企业及科研院所人才优势，用市场主体自身协调和规范，防范无序竞争造成的产能过剩具有积极意义。

近年来，为了促进创新要素在成德两地间的合理流动，加强两地协同创新能力，为两地产业协同发展提供强劲发展动能，成德两地共同组建、参与了多个产业联盟。

2013年，由四川宏华石油设备有限公司牵头成立了四川油气钻采产业联盟。成员单位包括西南石油大学、钻采技术研究院、采气工程院、安监院、成都晋林工业制造有限责任公司及广汉石油装备制造企业等。

2014年，四川省燃气轮机产业联盟在中国东方电气集团有限公司核心企业东方汽轮机有限公司成立。该联盟由东方汽轮机有限公司牵头，整合了包括中科院成都分院、中国第二重型机械集团公司、四川成发航空科技股份有限公司等23家燃气轮机产业联盟成员单位资源，致力于燃气轮机产品研发、燃机材料研制、燃机零件高端制造、燃机辅助系统高端配套件、控制系统研发，促进产学研合作，实现共同发展。

2014年，由东方电气股份有限公司、中国核动力研究设计院、二重集团等28家企业、科研单位、高等院校组建的四川核电产业联盟在成都挂牌成立。四川核电产业联盟致力于有效整合四川省核电装备设计、制造的各方资源，在核电核岛、常规岛设备共性技术和关键核心技术研究等方面协同作战，形成整体优势，提升四川核电装备产业的核心竞争力。

此外，成都和德阳还同为四川省清洁能源产业联盟、四川省大数据产业联合会等联盟的成员单位。产业联盟以推动相关产业技术发展和产业链发展为主要目标，以成员单位各方的共同利益为基础，通过有效融合产、学、研、用、投等各方资源，形成整体优势。目前，产业联盟已成为成德产业协同发展的重要组织形式之一，成员单位通过共同开展共性技术和关键核心技术研究和攻关等合作，相关产业的核心竞争力不断增强，"四川造"品牌的影响力也与日俱增。

三、产业协作配套取得新进展

一是共建成德临港经济产业带。为推动成德共建国际铁路物流港并创建国家开放口岸，德阳国际铁路物流港与成都国际铁路港已组建成德物流港合资公司，共同研究制定了成德临港经济带发展实施方案，方案围绕打造现代物流、适铁装备制造、临港商贸三业并举等目标，编制了成德临港经济产业带项目131个，总投资2 644亿元；共同发布成德临港经济产业带投资"机会清单"，其中23个投资项目投资额约400亿元。

二是共同推动成都都市圈各产业生态圈协同发展。近年来，围绕共建电子信息、高端装备制造万亿级产业集群，共建生物医药、航空航天、新材料、食品饮料千亿级产业集群，共同培育临港轨道交通制造、通航制造、能源装备制造等产业集群产业协作重要领域，成德两地以产业生态圈思维在更大范围开展产业链和供应链协作，通过共同发布产业生态圈企业产品能力和供需清单，共同制定产业发展规划等方式，加快推动成都都市圈各产业生态圈有序发展。

三是共同申报、共同建设高端能源装备优势产业集群。2020年，德阳联合成都以"成德高端能源装备产业集群"作为参赛对象参加工信部先进制造业集群竞赛，先后在初赛和决赛中胜出，累计获得集群发展专项资金 5 000 万元。近三年，集群新增发明授权专利 700 余个，攻克关键核心技术 424 项，其中 68 项技术达到国际一流水平，21 项技术填补国内空白，131 项重大技术装备获得国家、省首台（套）认定。集群累计参与制定国际、国家标准 144 个。下一步，成德两地将继续推动高端能源装备产业集聚，打造具有世界竞争力的"成德高端能源装备产业集群"，推进四川能源装备制造业转型升级，助力建设中西部地区最具竞争力的能源装备制造业强省。

四是加强重点领域产业配套合作。近年来，通过"总部+基地""研发+制造""头部+配套"等模式，成德两地在装备制造、通用航空、轨道交通等领域已形成稳定良好的配套合作关系。如，东方电气为国家电投等电力企业提供电力设备配套，中国二重为成飞集团、成发集团等航空航天企业提供铸锻件配套。目前，东汽、东电、国机重装"三大厂"在成都共有供应商 512 户，签有订单、合作协议的有 420 户。

四、交界地带产业合作不断深化

交界地带融合发展、错位发展，是成德眉资同城化发展的重点工作任务之一。德阳作为德眉资三市中最早与成都开始同城化的城市，在交界地带先行先试的理念指导下，成德两地交界地带融合发展已取得一定的成效。

（一）立足传统产业优势，谋划建设金中灯笼产业园区

金堂县金龙镇和中江县永兴镇地理位置相接，且都有悠久的灯笼制作历史。两镇现有灯笼企业 2 家，年产值 4 000 万元。两镇生产的灯笼质量优良，近年来，借助"一带一路"倡议，灯笼已远销欧美、东南亚。为了进一步做大灯笼产业，成德两地政府因地制宜，积极推动两地建立金中灯笼产业园区建设，加强与河北、陕西等地知名灯笼厂合作，形成灯笼及配套制品全产业链，着力打造

"中国灯笼之乡"。

（二）加快建设彭什川芎现代农业产业园区

彭什川芎现代农业产业园区位于彭州市敖平镇与什邡市马井镇重要交界地带，涉及彭什两地5个乡镇12个村约5万人。年川芎种植面积达10万亩，辐射带动土地面积20万亩，年产量约2.5万吨，产值超5亿元。目前，彭什川芎现代农业园项目已被纳入《成德眉资同城化发展暨成都都市圈建设三年行动计划（2020—2022年）》重大骨干支撑项目。下一步，彭什川芎现代农业产业园区将瞄准川芎产业全景图，努力建设国家级现代农业产业园区，积极打造"西蜀川芎"品牌并申报国家地理标志产品。同时，还将在川芎产业农商文旅体融合发展领域积极探索，重点建设标准化川芎生产基地、川芎国际交易中心、天府中药村等项目，并在园区内建设川芎博物馆，形成"川芎+文创产品"综合展示区，加快打造全省中医药农商文旅体融合发展示范区。

（三）开启教育产业合作新模式

2021年上半年，青广教育城示范区项目启动。该示范区位于青白江区（大湾街道、大同街道）与广汉市（新丰街道、三水镇）交界地带（交界地带约141平方千米），以三湖两校，共建一城为发展思路，牵引交界地带融合发展。示范区内以凤凰湖、三星湖、天子湖三大水体为主，打造滨水景观，为示范区内学习、工作、生活提供了风景宜人的生态"背景墙"。同时，以广汉的巴川公学、青白江的大弯中学两所学校为核心，形成教学一体化推进机制，支持新河幼儿园、青白江实验小学、东新航空学院等邻近学校组建发展共同体，打造优质教学资源集聚地。

近年来，交界地带融合发展备受重视。在《成德眉资同城化发展暨成都都市圈建设2020年度重点工作任务》中，明确提出要通过推动青白江—广汉、彭州—什邡、金堂—中江等毗邻地区的合作，继而推动交界地带融合发展。2020年，为推动成德交界地带融合发展，青白江—广汉、彭州—什邡、金堂—中江分别出台交界地带融合发展实施方案,达成合作项目 52 个,总投资约 3 800 亿元。

五、合作平台不断丰富

在同城化发展的过程中,搭建跨区域的合作平台有利于加强土地、资金、劳动力、技术、信息等生产要素的自由流动和合理配置,从而有助于提高区域内资源利用效率和全要素生产率。近年来,成德两地在同城化发展的过程中,逐步搭建起多方面合作平台。

一是共同打造成德工业政企互通供需对接平台。帮助工业企业实现上下游精准对接,解决人才、物资、生产材料、资金短缺等难题,平台已于 3 月 17 日正式上线运营,目前已入驻企业 600 余户,发起供需对接信息 1 600 余条。

二是共建农村产权交易平台。依托成都农交所,建立健全德阳农村产权交易平台。2019 年成都农村产权交易所德阳所累计成交项目 1 278 宗,累计交易金额 20.53 亿元。

三是共建知识产权交易平台。为疏通知识产权融资"梗阻"现象,德阳市以成都知识产权交易中心为依托,构建一体化知识产权交易平台,协力打造"成都知识产权交易中心德阳分中心",助力专利和商标质押融资两个"德阳模式"推广运用。截至目前,7 家银行对德阳境内 7 家工业园区专利质押融资授信 22 亿元,为 120 户民营企业、中小微科技型企业实现知识产权质押融资 17 亿元,有效破解了企业融资难题,为民营企业、科技型中小微企业的发展提供了有效保障,推动了德阳产业转型升级和高质量发展。

四是共建特色农产品供销基地。德阳市与成都市农业农村局签订《成德稳定生猪生产保障市场供应区域合作框架协议》,将共同从开展重大动物疫病联防联控、建立技术交流合作机制、支持成都市相关企业跨区建设生猪"菜篮子"共享基地、建立"生猪菜篮子供应场"支持机制、加强生猪及其产品产销对接以及强化肉类及其他农产品区域流通与合作等方面开展合作。

五是共同搭建创新创业平台。为了促进成德两地创新资源共享,提升成德两地协同创新合力,为产业协同发展提供新动能,成德两地先后搭建了科创通·广汉分中心、国家科技创新汇智平台德阳中心、成都德阳博士后工作站、德阳科创通平台等创新平台,架起了成德两地创新资源共享的桥梁。

第二节 成德产业协同发展面临的挑战

成德产业协同发展虽然在共同制定发展规划、共同搭建合作平台、深化交界地带产业合作等方面取得了一定的实效,但还是面临着各方面的挑战。

一、城市能级差距较大

城市能级是一个城市对周边地域的影响力和辐射力,以及综合竞争力的重要体现。城市经济学研究者根据城市能级的大小,对城市做了不同能级的分类,如小城市、中城市、大城市、国际化大都市、世界城市等。城市能级的一级考核指标,主要包括城市发展的经济能级、创新能级、开放能级和支撑能级。当前,德阳在这四个方面都与成都有较大差距。特别是在经济能级方面,差距尤为明显(见表7-1)。以2020年的数据为例,成都市的地区生产总值是德阳的7倍多,一般公共预算收入更是高达德阳市的11.5倍之多,此外,成都市的规模以上工业增加值增速和固定资产投资增速等指标也都优于德阳。

表7-1 2020年成德两地经济能级部分指标对比

类别	地区生产总值/亿元	规模以上工业增加值增速/%	固定资产投资增速/%	一般公共预算收入/亿元
成都	17 716.7	5	9.9	1 520.4
德阳	2 404.1	1.8	8.0	132.1

以上差距的存在,将对成德两地财政政策、收入分配政策、产业发展政策等政策的制定和统一实施造成一定的影响,特别是对依赖公共财政的基本公共服务的跨区域供给、同质共享形成制约,也对一些需要较大资金投入的共建项目的推进产生影响。

二、成德同城化程度偏低

同城化发展是城市间区域合作最紧密、最高级的形态。研究表明,从人流、产业、物流、交通、公共服务、基础设施、生态环境、政策机制八大指标综合分析,同城化大致可分为三个阶段:同城化指数3.5以下为起步期,3.5~6.5为加速期,6.6~8为成熟期。根据四川省同城化办公室公布的数据,目前成德同城化指数为1.9,分别比成眉、成资高0.2、0.4个百分点,这客观反映出与省内的眉山、资阳相比,成德同城化的基础更扎实、发展进程也更先一步,但仍处于起步阶段。放眼东部沿海地区,成德之间同城化水平与先进地区的差距还很大,比如宁镇扬(南京、镇江、扬州)同城化指数为4.17、广佛同城化指数为6.9。成德同城化水平整体不高也影响了两地产业的进一步协同发展。

三、产业布局同质化问题存在

成德两地的产业布局各有侧重,各具优势,如德阳着重发展装备制造(核电装备、航空航天装备、清洁发电装备、油气钻采与海洋工程装备等)、食品饮料、新型化工、生物医药、绿色建材五大主导产业,成都制造业则精准聚焦电子信息、装备制造(轨道交通、新能源和智能网联汽车、航空装备等)、医药健康、新型材料、绿色食品等先进制造业。但两地在经济发展的过程中,仍存在一定程度的产业布局同质化问题。如,凯州新城是为了更好对接成都"东进战略"、共同打造龙泉山东翼产业带在德阳市中江县成立的产业功能区,重点发展的产业包括高端装备制造、电子信息、节能环保、农产品精深加工等。目前,由于凯州新城尚未纳入东部新区发展规划进行统筹，使得凯州新城与东部新区之间存在产业布局同质化等问题。

四、成都对德阳的虹吸效应仍然存在

在都市圈发展的初级阶段，中心城市对周边中小城市的虹吸效应往往难以避免。成都作为副省级城市，拥有良好的基础设施、健全的公共服务，享受了许多国家级改革创新实验政策，有更加雄厚的财政实力和更多的宏观调控手段，制定的政策更加开放。成都良好的政策优势，增强了其对人才、资金以及科研机构、总部经济等的吸引力，导致区域间人才、资金、技术、资源等要素流动不平衡，加剧了成都对德阳的虹吸效应。

五、产业协作项目较少

德阳虽然是最早开始与成都同城化的城市，但成德两地间的同城化，目前还主要停留在以基础设施同城化为主的阶段，产业协作项目还较少。以《成德眉资同城化发展暨成都都市圈建设三年行动计划（2020—2022 年）》里所列项目为例，德阳列入的产业协作项目仅有 8 个，总投资为 542 亿元，个数、总投资分别占 18.6%、14.9%；基础设施项目有 23 个，总投资 2 673 亿元，个数、总投资分别占 53.5%、73.4%。产业协作项目个数占比比基础设施项目占比低 34.9 个百分点、比总投资占比低 38.6 个百分点。

六、新型显示产业配套能力不足

新型显示产业是成都电子信息产业的主阵地。近年来，成都市新型显示产业经过多年发展沉淀，自主创新特色明显，关键核心技术不断突破，发展态势良好。2020 年成都高新区新型显示产业重点企业产值达到 322 亿元，同比增长 11.8%，成为全国重要的新型显示及中小尺寸面板生产基地。德阳作为与成都共建电子信息产业千亿集群的城市，在新型显示产业方面基础薄弱，目前重点企业仅有

四川顺为智联科技有限公司，主要产品为液晶（LCD）显示器、液晶电视、液晶模组、一体电脑、智慧商业显示终端设备等新一代电子信息产品。该公司2019年主营业务收入7 000万元，受规模限制，在承接、配套成都新型显示产业链上亟待提高。

第三节　成德产业协同发展的路径

实现成德同城化发展，产业协同是关键。立足成德产业协同发展现状，结合成德产业协同发展面临的挑战，本书提出以下发展路径。

一、深挖共同利益，找准协同发展着力点

协同发展论已被当今世界许多国家和地区确定为实现社会可持续发展的基础。而所谓协同发展，是指为了完成共同目标，不同城市、地区、要素之间相互交流合作，通过达成多种协作意向，最终实现共赢的发展目标。可见，共同的目标或者说共同的利益是协同发展的出发点也是协同发展的最终目的。所以，要实现两个城市的产业协同发展，首先要找准两个城市政府或企业之间的利益共同点，这样才能为协同发展提供可持续的动力。

当前，成德产业协同发展合作不够深入等问题产生的原因，很大程度上在于双方利益共同点太少、利益共同点挖掘不充分。因此，要解决这些问题，就需要深入挖掘合作双方的利益共同点。具体来讲，就是要充分利用好现有合作机制和平台，加强沟通协商，结合两地政府资源禀赋现状、短期及中长期经济社会发展重大需求，充分发挥比较优势和"1+1>2"的合作效应，深入挖掘利益共同点，找准合作重点，持续拓宽双方合作的广度和深度，促进资源在区域间的合理配置，提高全要素生产率，实现互利共赢。

此外，成德两地在找寻利益共同点的过程中，要充分考虑成渝

地区双城经济区建设这个时代大背景。在这个背景之下，成德眉资同城化建设是其重要的先手棋，做大做强成都都市圈是当务之急，而德阳当前的重要任务之一就是要全面融入成都主干，扎实推进成德同城化发展。只有充分结合这个大背景，立足成德融合发展的大格局，才能找到更多的利益共同点，从而促进成德两地全面同城化发展。

二、完善利益分配机制，确保长期有效合作

合作的可行性在于合作的双方有共同的利益，并且利益大于成本，而合作的持续性还需要有合理的利益分配机制作保障。因此，为了确保产业合作双方能够长期有效的合作，不仅需要深挖利益共同点，还需要建立完善的利益分配机制。

近年来，"飞地经济"模式被广泛推广。成德在产业合作的过程中，也在不断探索"飞地经济"模式。例如，德阳什邡市和成都金牛区就正在谋划采取"总部+基地"的模式建立飞地园区。"飞地经济"发展模式有助于打破原有行政区划限制，通过跨空间的行政管理和经济开发，实现两地资源互补、经济协调发展。但该模式能够持续运行的关键之一就是要实现"飞出地"与"飞入地"利益的合理分配。

实现"飞出地"与"飞入地"利益的合理分配。一方面，要完善利益共享机制。由于合作双方资源禀赋不同，在合作过程中做出的整体贡献就有差异，这就决定了合作收益的分配不宜采取平均分配，而应该根据实际贡献体现出差异性。因此，在制定分配方案时，要综合考虑双方在土地、资金、技术、管理服务和基础设施等方面的投入，并赋予相应权重进行合理分配，而对那些经过协商无法达成一致分配意见的收入，可纳入共享资金库，作为下一步合作资金。另一方面，要建立利益补偿机制。对合作中的受损方或者为整体发展利益做出贡献的一方，可在资金、技术、人才和政策方面给予支持和合理补偿。

三、坚持规划引领，促进产业项目合理布局

坚持规划引领，一方面要做到对现有规划的落地落实，保障现有规划和方案取得明显成效。另一方面，要根据成德产业协同发展实际需要，不断完善或制定新的发展规划，并且在规划的制定过程中，要立足成德两地资源禀赋特征、产业发展现状和未来发展定位，坚持优势互补、错位发展的原则，合理规划成德两地产业分工和产业布局，有效避免同质化竞争，促进两地资源要素跨区域自由流动，形成推动成德经济高质量发展的更大合力。

四、培育产业发展良好环境，助力产业协同发展再上新台阶

一是坚持交通互联，为产业协同发展提供保障。加快打造轨道上的都市圈，把轨道交通作为加快成德同城化发展优先事项，加强与成都沟通对接，共同研究市域铁路投资、建设、运营和管理模式，加快推进S11线前期要件编制工作，同步做好成都天府国际机场经金堂至德阳市域铁路S2线和成都环线城际铁路彭州经德阳至金堂段等项目的前期工作。加快交通路网建设，推进天府大道北延线、成都三绕、成绵高速扩容等快速通道和高速公路建设，提升交通运输能力。完善公共交通体系，进一步加密成德动车开行频次，推动CRH6A-A型新型城际列车购置投运，力争成德间日开行列车110余列；推动开行德阳主城区至新都区地铁3号线接驳专线、什邡至新都地铁5号线接驳专线、中江至金堂城际公交。

二是加快推进信用体系建设。打通成德两地信用信息共享平台，建设跨区域的信用联合奖惩机制。探索构建企业信用联动监管机制，将企业信用评价与行业信用监管挂钩，对信用良好企业优化监管内容，对信用不良的企业加大监管频次。制定统一的信用红黑名单认定、发布、退出制度，实现信用红黑名单信息的跨区域全流程管理。

三是加强政策协同。充分发挥政府的引导与监管作用，促进成

德两地在人才政策、创新政策、财政政策、金融政策、政府服务等与产业发展密切相关的政策协同，为成德两地企业营造公平竞争的市场环境，从而减弱成都作为大城市对德阳的虹吸效应，同时增强成都对德阳经济发展的溢出效应。

四是强化公共平台共建共享。一方面，要充分用好现有创新平台、产权交易平台、产品交易平台、融资平台等公共平台，使这些公共平台更好地为成德产业协同发展服务。另一方面，要积极促成新的公共平台建设。例如，在金融服务平台方面，应支持两地金融机构依法合规跨区域经营，推动成都各类金融机构入驻德阳或设立分支机构，同时也鼓励德阳的金融机构到成都去拓展市场。

五、大力推进协同创新和科技成果转化，为协同发展提供新动能

抢抓中国西部（成都）科学城建设机遇，以创建国家创新型城市和建设德阳国家科技成果转移转化示范区为契机，大力促进成德产业协同创新和科技成果转化。

一是建立开放式的政产学研协同创新体系。推动成德之间采取"成都研发+德阳制造""成都总部+德阳基地"等模式进行合作，支持德阳企业到成都设立"飞地"研发机构，推动成都科研机构到德阳进行科技成果转化。

二是鼓励主要创新链与重点产业链深度融合发展。支持成德两地高校、科研院所围绕能源装备、轨道交通、新能源汽车、通用航空等产业强化需求导向的科技研发，解决创新成果供给与需求错位问题，加速科技成果转化。

三是充分发挥成都的创新辐射带动作用。支持成都研发机构到德阳建立创新中心、孵化器及成果转化基地等各类创新平台，完善德阳市创新创业生态系统。

六、抢抓机遇，主动融入，积极应对"虹吸效应"

客观来讲，虹吸效应是双向的，中心城市既可以将外围中小城市的各类优质资源吸走，也会将其部分优质资源或产业项目向周边中小城市溢出。处于中心城市周边的中小城市，要想改变被动"虹吸"的现状，就要抢抓机遇，主动融入中心城市发展。对德阳而言，要想"大树底下好乘凉"，就要抓紧抓好成渝地区双城经济圈建设背景下的成德眉资同城化发展机遇，结合成都产业发展规划，立足德阳产业基础和比较优势，以装备制造、电子信息、汽车零配件、生物医药、通用航空五大重点产业为合作重点方向，加强与成都各产业功能区主导产业有效衔接，努力融入成都产业配套链、要素供应链、产品价值链和技术创新链。

具体来讲，主动融入成都产业发展大格局，一方面，要积极承接成都产业转移。例如，在轨道交通产业方面，要大力支持、协调和鼓励德阳特变电工、思远重工等企业的电线电缆、盾构机等产品进入成都地铁市场，为成都轨道交通主机企业提供零部件产品配套和服务，助力成德两地轨道交通产业协同发展。另一方面，要强化与成都产业发展的配套服务。例如，在汽车产业方面，要充分利用德阳装备制造优势和汽车产业基础，差异化承接成都汽车产业转移项目，发展汽车零部件配套产业，为成都整车生产企业提供配套产品和服务，与成都共同打造中国西部最重要的汽车零部件汽车产业集群。

第八章 县域经济转型发展

第一节 旌阳区县域经济转型发展

近年来，旌阳区经济发展质量和效益同步提升，产业结构不断优化升级，城乡融合发展成效显著，民生社会事业取得持续进展，人民生活水平稳步提高。同时，与"十四五"时期经济社会高质量发展的要求相比，旌阳区也面临着产业依赖程度过高、经济增长动力不足、城市中心地位不强、资源要素流失风险加剧等问题。作为四川省全国百强区培育对象的旌阳区在地理区位、发展空间等方面不具备突出的竞争优势，面临着严峻的经济发展压力，经济发展亟待转型。

一、旌阳区经济发展总体情况

近年来，旌阳区经济发展质量和效益同步提升，产业结构不断优化升级，城乡融合发展成效显著，民生社会事业取得新进展。

（一）经济发展实现新跨越

第一，经济综合实力不断增强。旌阳区的地区生产总值由2015年的442.23亿元提高到2020年的708.75亿元，年均增长7.4%。其中2019年，旌阳区实现地区生产总值682.2亿元，同比增长7.7%，占德阳市的29.2%，人均生产总值89 297元，是四川省平均值的1.6倍，处于成德眉资绵地区第二梯队。另外，旌阳区的经济发展质量稳步提升，一般公共预算收入从2015年的10.93亿元提高到 2020 年的 14.83 亿元，年均增长 6.3%，城镇和农村居民人均可支配收入分别由 2015 年的 28 180 元、14 264 元提高至 2020 年的 41 016 元、28 180 元，年均分别增长 7.8%、9.2%。旌阳区投资消费双轮驱动更加有力，全社会固定资产投资年均增长 9.7%，社会消费品零售总额年均增长 9.7%。2019 年，旌阳区被四川省委省政府纳入全国百强区培育对象名单。

第二，产业结构不断优化升级。2020 年，全辖区实现地区生产总值 708.75 亿元，按可比价格计算，比上年增长 3.9%。分产业看，第一产业实现增加值 41.95 亿元，比上年增长 3.2%；第二产业实现增加值 315.76 亿元，比上年增长 3.3%；第三产业实现增加值 351.04 亿元，比上年增长 4.7%。一、二、三产业分别拉动经济增长 0.18、1.65 和 2.07 个百分点。三次产业结构比例调整为 5.92∶44.55∶49.53。

第三，现代产业体系初步形成。由"旌阳制造"逐步向"旌阳智造"转变，新兴产业不断壮大，新材料、智能终端、新型化工加快发展，例如石墨烯、多孔钛等新材料产业加速应用研发和技术转化，战略性新兴产业占比提高至 31.2%。传统工业焕发新活力，特变电工"舰艇线缆设计及开发"、航天谦源"核电材料检测"等投入运营。现代服务业活力迸发，打造了一批特色街区，新一批的特色街区初具规模，部分老城区特色街区的升级改造也在有序推进中。电子商务发展成效显著，德阳大龙网数字贸易中心上线，网易联合创新中心·德阳工业互联网基地投入运营，服务业占比提升 4.05 个百分点。现代农业蓬勃发展，"三品一标"农产品认证总数达 84 个。

(二) 城乡融合发展成效显著

2019 年，全区户籍人口 70.02 万人，常住人口 76.8 万人，常住人口城镇化率达 71.8%。全区城市规模不断扩大，旌北片区加快建设，建成区面积达 85.81 平方千米。城市面貌更加通透精致，城市夜景光亮工程完美呈现，五大湖区锦绣天府公园项目全面启动。特色小镇建设亮点纷呈，成功创建全国文明城市、全国文明镇 4 个、国家卫生镇3个以及省级"四好村"25个、幸福美丽新村98个。

稳妥推进农村改革，完成乡镇行政区划调整、村级建制调整及社区优化改革、村民小组优化调整；完成农村承包地确权登记颁证，全面建立"区—镇—村"三级农村产权交易市场体系，创新"三资"监管平台信息化建设。

（三）民生改善持续推进

脱贫攻坚圆满收官，5 958户13 850人建档立卡贫困户实现全部脱贫；社会保障体系更加健全，全民参保登记计划全面完成，社会救助兜底保障体系更加完善，最低生活保障和特困供养实现"应保尽保"和"动态调整"；就业创业成效明显，累计城镇新增就业3.9万人，城镇登记失业率稳定在3.5%左右；教育事业协调发展，学前教育二期三期项目、中心城区小区幼儿园配套工程、义务教育薄弱环节改造与提升工程、高中普及攻坚工程强力推进，"国家级信息化教学实验区"加快建设；城乡医疗服务体系逐步健全，区第二、第三、第四、第五人民医院挂牌，形成"一中心四支撑"医疗卫生布局；文化事业繁荣发展，绵竹古城遗址（黄许境内）列入全国重点文物保护单位。生态文明建设卓有成效。扎实开展大规模绿化行动，完成生态保护红线划定，森林覆盖率达13.4%。城乡污染治理能力持续提升，建成乡镇污水处理站（厂）2个，行政村生活垃圾处理覆盖率达90%以上。

二、面临的问题与挑战

（一）产业结构升级进展缓慢，产业依赖程度过高

长期以来，德阳的"三大厂"在国内的发电装备制造领域占据主导地位。但近年来，"三大厂"主导产业面临着行业下滑的态势。从整个行业的外部市场需求来看，随着经济增长和固定资产投资的持续放缓，电力设备需求不断下降，发电装备制造业面临着日趋明朗的产能过剩。从行业内部来看，发电装备制造业内部结构调整加快，相比以往，市场对于风电、光伏等清洁能源发电设备的需求明显提高。

清洁能源发电设备领域竞争异常激烈，东方电气在海上风机市场份额中仅占1%。旌阳区配套"三大厂"的上游机械加工类规模以上工业企业个数占区属规模以上工业企业总量的41.62%，产值占区属规模以上工业总产值的41.01%。伴随"三大厂"经营效益的明显下降，相应的配套产业工业增加值有明显的下滑趋势。

产业不够多元化，抵御市场风险、持续发展能力较弱。旌阳区重型工业类占比超过80%，机械加工、电线电缆、天然气化工三大支柱总产值占区属规模以上工业总产值的70.9%，从企业规模看，旌阳区企业整体规模较小，龙头企业及自主品牌少，规模以上企业209户，区属小微企业198户、占比达到94.7%，大部分中小企业处于产业链的中低端环节，同质化竞争严重。旌阳区三产比例低于全国、四川省平均水平7.2、6.6个百分点，增速逐步回落，与制造业相关的科研、金融、信息服务、商务服务等生产性服务业发展缓慢。

（二）经济增长动力不足

投资、消费、出口"三驾马车"动力齐降。旌阳区经济增长内生动力不足。近年来，旌阳区固定资产投资增速减缓且开始呈现下降趋势，2019年仅为涪城、翠屏区的一半。2014年起旌阳区社会消费品零售总额增长率下降趋势明显，由29.1%下降至2018年的2.27%。此外，2019年德阳全市进出口总额仅为141.15亿元，远低于百强县进出口均值351亿元，疫情和国际形势的变化增加了出口业务的不确定性。

居民消费意愿强，但消费外流比例较大。2019年旌阳区居民可支配收入占人均GDP比重达40%，高于全国百强县平均水平34.9%；旌阳区城镇居民人均消费占可支配收入比例达78.1%，高于绵阳涪陵区的61.5%、眉山东坡区的61.6%及宜宾翠屏区的66.88%等其他主城区，这些数据例证了旌阳区居民强烈的消费意愿。但是，事实上受消费环境、产品种类、产品品质等诸多问题的影响，消费外流现象十分明显，其中尤为明显的是流向成都。人们在进行消费时更愿意选择消费环境更好、消费业态更加多样、消费产品更加齐全的成都。据调查,60%的德阳居民经常去成都消费。

(三) 城市中心地位不强

主城区首位度较低。与其他城市的主城区作对比,旌阳区的首位度在四川省内处于较低水平。旌阳区的人口首位度为0.71,低于翠屏区的1.14及涪城区的0.89;经济首位度为1.40,远低于翠屏区的2.39,不及涪城区的2.02和江阳区的1.60。同时,德阳市各区县与成都的联系明显强于与主城区旌阳的联系。以人口联系为例,2019年广汉市、什邡市、中江县与成都中心城5区之间的日均流动人口分别达6.3万人、2.7万人、4.2万人,与旌阳区之间的日均流动人数为3.9万人、2.1万人、3.2万人。

旌阳区作为德阳市的主城区,其教育、医疗、就业及消费均未表现出优越性,吸引力及带动力不强。从基础教育来看,优质生源向成都、绵阳等地外流的现象较为明显,本地优质中学资源较为分散,尚未在旌阳区形成聚集。高等教育资源匮乏,相比起绵阳市、宜宾市、南充市等地,旌阳区目前尚无一所全日制本科类学校。从医疗资源来看,旌阳区仅有1家三甲医院,而相邻的绵阳市与成都市分拥有3家、40家,旌阳区医疗服务整体水平存在明显差距。从消费水平来看,德阳市县域经济发达,旌阳区社会消费品额比重与其他区县差距不大,各区县消费向心力不强,主城区吸引带动能力不强。

居民收入竞争力下降、生活成本上升,对周边人口以及高校毕业生的吸引力不足。自2015年起,旌阳区居民在区域中的收入竞争力下降明显,城镇居民工资性收入排名已低于绵阳涪陵区、泸州龙马潭区、眉山东坡区等。但旌阳区的生活成本却在逐年上升,举例来说,本区的房价租金比达444.8,在区域中最高,与泸州江阳区的房价租金比仅为289.1。除此之外,旌阳区还面临着成都巨大的人口虹吸压力,本地职业教育毕业生资源大幅流失,根据相关学校就业报告统计,本地两所职业教育学校在四川省内就业的毕业生分别有50%、85%流向成都,留在本地就业的仅占13%、6%。

（四）资源要素流失风险加剧

成渝地区双城经济圈建设为旌阳区带来重大利好的同时，也面临区域竞争加剧的挑战。作为成渝双城经济圈的核心城市，成都市对旌阳区的发展具有举足轻重的影响。成都当前仍处于集聚阶段，外溢辐射能力较弱，与周边县市呈现"强人口弱经济"的联系特征，德阳一直以来都面临着来自成都的资源要素虹吸压力，处于人口、劳动力流失状态。根据第七次人口普查数据来看，成都市常住人口突破2 000万大关，达到2 093.8万人，而相比之下，其周边地区绝大多数呈现出人口净流出的趋势。随着东部新区的设立，中心城市的规模不断扩大，成都对周边区县的虹吸效应将进一步加剧。同时，成渝地区双城经济圈提出推动重庆、成都都市圈相向发展，与传统的成德绵城镇发展带呈现空间背离，进一步加大了旌阳区承接区域带动力的难度。除此之外，旌阳区同样面临来自成都都市圈其他市区县的激烈竞争，随着青白江—广汉、彭州—什邡、金堂—中江三个成德交界地带的加速发展，什邡、绵竹、中江等与成都主城的交通联系更为便利，将进一步增加旌阳区提升中心城区首位度的难度。

三、旌阳区县域经济发展的对策

（一）抢抓区域发展政策红利，全面融入成渝地区双城经济圈

2020年10月16日，习近平总书记主持中共中央政治局会议审议《成渝地区双城经济圈建设规划纲要》时指出，推动成渝地区双城经济圈建设，有利于形成优势互补、高质量发展的区域经济布局，有利于拓展市场空间、优化和稳定产业链、供应链，是构建以国内大循环为主体、国内国际双循环相互促进的新发展格局的一项重大举措。国家政策利好将引导市场资源要素向成渝聚集。推动成渝地区双城经济圈建设、加快成德眉资同城化发展，是德阳继三线建设、改革开放后迎来的第三次历史性机遇。旌阳区作为距离成都最近的主城区、成都都市圈的重要节点城市也将迎来历史性发展机遇。旌阳区地处成渝地区双城经济圈核心区位，具有人口及各类生产要素聚集、工业基础坚

实等优势，应该积极把握全球产业链、供应链重构的历史机遇，融入成渝地区双城经济圈及国内产业大循环。

(二) 调整产业结构，加速产业转型

1. 优化完善工业发展布局

立足本区区位优势、产业基础、资源禀赋等条件，积极主动对接全市产业布局，构建"一区、三园、三坊"的工业发展格局。首先，扩容"一区"。支持旌阳高新技术产业园区扩区调位，依托高新区辐射带动黄河新区高新技术产业和战略性新兴产业协同发展。其次，建设"三园"。依托巴食山珍等一批企业，在孝泉打造食品产业园。依托"凤翥湖数字小镇、网易联合创新中心·德阳工业互联网基地、新经济产业（孵化）基地"等项目建设，打造"新经济产业园"。依托石墨烯产业技术联盟，以烯碳科技为龙头，大力发展中碳科技、烯材科技、卡柏莱尼等石墨烯下游产业，形成产业集群，建设石墨烯产业园。最后，打造"三坊"。依托孝泉产业优势，加快孝泉工坊建设，重点发展智能制造、数字经济为主导产业。依托黄许镇境内物流港、产业等基础，打造黄许智能制造工坊，重点发展新材料、装备制造、绿色建材等产业，培育军民融合产业。在柏隆镇与绵竹、罗江交界，紧邻成绵高速复线出入口，打造柏隆先进材料工坊，重点培育新型化工、绿色建材、先进材料等产业，适度发展食品饮料、电子元器件等产业。

2. 重点发展装备制造产业

以世界级重大装备制造基地建设为契机，按照"创新驱动、智能转型、高端引领、基础支撑"的发展思路，改造提升装备制造产业，全面推进产品换代、生产换线、智能制造、绿色制造。打破配套加工的传统模式，加速发展机械制造、电线电缆等关键零部件及成套设备的研发与制造，打造"世界级重大装备制造基地"核心区，助推成德绵共建万亿级装备制造产业集群。以钰鑫机械、瑞祥机械、华建机械等企业为龙头开发生产"航空、航天、燃机"设备关键零部件；以兴民机械为龙头开发生产"盾构机、减速机、压力机"等成套设备；以庆达实业、迪信佳等企业为龙头开发生产天然气配套等设备；以德源电器、西德电器、瑞能电力等企业为龙头开发生产智能仪表和电力控制系统；以特变电工为龙头，推动爱通、旌特、杰创线缆等企业加快产品结构调整步伐，重点发展新能源类、大规模储能、智能电网、先进核电等特种装备电缆。

3. 加强农业综合生产能力建设，夯实农业发展基础

坚持以市场需求为导向，合理布局、绿色发展，进一步优化农业产品结构、生产结构和产业结构。加快推动粮油、生猪两大主导产业和肉鸡、蔬菜、现代种业、水产、特色林果五大特色产业高质量发展，培育形成特色鲜明、结构合理、链条完整的旌阳现代农业"2+5"产业体系。推进现代农业园区建设，建设"1+1+8"十大现代农业园区，打造具有标杆和引领作用的综合性现代都市农业高质量发展载体。依托10万亩米线水稻生产基地，力争将旌阳粮油现代农业园区建成国家级现代农业园区。按照"1园、5市场、1中心（1个农产品加工园，蔬菜、水果、副食粮油干杂、畜禽水产品、农资专业批发市场5个，冷链物流配送中心1个）"模式布局，建成旌阳农产品加工物流园，并力争创建为省级现代农业园区。立足旌阳特色产业，规划建设旌阳蔬菜现代农业园区、旌阳油料现代农业园区等8个现代农业园区。

4. 大力实施龙头企业培育引领工程，加强对农业产业化龙头企业、农业产业化联合体发展的支持

以政府为主导，引导、鼓励、支持一批优质农产品主体使用旌阳区"旌耘""旌供坤元"区域公共品牌；引导农业企业培育发展企业自主品牌。选取具有文化地域特征和文化附加值高的果汁牛肉、黄许皮蛋等产品，具有技术优势和深加工能力的"稻禾源"桂潮系列稻米等产品，引导企业开展农产品地理标志及全国名特优新农产品申报。

5. 完善农业经营服务支撑体系

培育农民专业合作社、专业大户、家庭农场等新型农业经营主

体，发展多种形式适度规模经营。支持农村集体经济组织通过发包、入股、联合经营等方式，与新型农业经营主体共同发展新产业、新业态；完善农业配套服务体系。培育农业经营性服务主体，积极发展新型供销社，壮大农业生产性服务业，鼓励农村集体经济组织开展农业社会化服务。探索建立集农技指导、信用评价、保险推广、产品营销于一体的综合性农业公共服务体系；促进健全小农户与新型农业经营主体建立契约型、股权型利益联结机制，推广"龙头企业+专合社+农户""土地入股+分散管护""订单农业"等合作方式，推动资源变资产、资金变股金、农民变股东。

6. 推进服务业发展与城市功能提升相结合

按照"高端化、市场化、专业化"思路，大力实施"服务业兴区"战略，加快构建充满活力、业态高端、结构合理、辐射力强的现代服务业体系，打造服务业发展核心示范区。应积极适应市民消费升级的需求，加快城市商圈建设，优化洋洋百货、上美广场、万达广场、希望城和黄河新城等商业核心圈业态，引进国内外品牌专卖店、知名中高端企业、高品质专业市场入驻，推动传统商贸业向集群化、高端化、功能化发展，促进消费升级。积极引进国内知名娱乐项目建设运营商，打造大德阳地区的娱乐中心。探索发展体验型购物中心、品牌集成店、主题概念店等新兴业态，打造个性化、主题型、体验型的消费模式。围绕旌湖两岸，以文庙商业步行街、希望城玫瑰香街、古树街、万达特色商业街等为载体，构建"夜市、夜食、夜展、夜秀、夜节、夜宿"等夜间消费主题场景，积极培育酒吧经济、深夜食堂等夜间业态，推出商场、超市延时服务，拉长"营业时间"，活跃夜间消费市场。

(三) 努力提升民生事业发展水平，切实增进人民群众福祉

坚持以人民为中心，努力提升民生事业发展水平，切实增进人民群众福祉。

(1) 构筑现代基础设施网络，推进立体交通大建设，构建形成集轨道交通，高速、干线公路等通道为一体的层次分明、布局合

理、功能完善、衔接高效的综合交通运输体系。积极推进市域铁路 S11 线建设，加快成都三绕、成绵高速扩容、天府大道北延线、成德大道、德阳至绵阳机场快通等项目实施，加密成德间动车开行班次，进一步推进成德交通一体化。加快德中干线、德罗干线、德茂路等市域快速路建设，强化市域交通枢纽地位。完善中心城区至其他区县的快速通道，构建以高速、国省道为骨架，快速路为补充的"双十+六射"快速通道布局，与其他区县实现三条以上的快速通道连通，构建市域 20 分钟通勤圈。

（2）提升教育资源总量和质量。大力发展公办及公益性幼儿园，扩大普惠性学前教育资源供给。推进义务教育薄弱环节改善与能力提升工程，缩小义务教育发展校际差距，逐步实现区域内义务教育资源均衡。促进普通高中优质特色发展，支持德阳中学创建"川内一流、全国知名"的示范性高中。依托四川工程职业技术学院、四川建筑职业技术学院等高等职业院校建设专业化产教融合实训基地，实施中等职业学校标准化建设工程。支持建设重点镇（街道）成人文化技术学校，助力乡村振兴。加强老年大学和社区学校建设，广泛开展社区教育、老年教育。提升特殊教育品质，推进残疾儿童随班就读、送教上门。此外，在校际合作方面，支持旌阳与成都、绵阳基础教育机构开展跨区域合作办学，联合打造教师成长共同体，利用"互联网+教育"等新模式扩大优质教育覆盖面。

（3）全面提升医疗卫生服务水平。深化医疗、医保、医药联动改革，统筹推进医药卫生体制改革。健全基本医保筹资运行、待遇保障和基金监管机制。构建优质高效的医疗卫生服务体系。支持区中医院（区人民医院）建成三级甲等医院，加快优质医疗资源扩容。实施旌阳区医疗中心、旌阳区 5G+智慧医疗等重点项目，提升基层医疗卫生机构服务能力。

（4）健全就业服务体系，完善城乡统筹的公共就业服务制度。建设城乡统一的人力资源市场，促进城乡劳动力资源合理流动。健全劳动关系协调机制，保障劳动者合法权益。落实创新创业扶持政策，大力支持自主创业，鼓励多渠道灵活就业。依托四川工程职业技术学院、四川建筑职业技术学院等优质职业院校和中国二重等大型企业，持续推进高技能人才培训基地和技能大师工作室建设，加大中高级职业技能培训力度，打造全国、全省装备制造高素质技能人才重要培养基地。大规模开展技能提升培训和转岗转业培训，大力推行项目制培训，全面推行新型学徒制，增强培训针对性和有效性，提高就业人员职业素质、职业技能和就业创业能力。

（5）坚持政府主导与多元主体共同参与，协同推进社会保险、社会救助、社会福利等有序健康发展，依法扩大基础保障覆盖范围，加快完善多层次社会保障体系。继续实施全民参保登记计划，扩大社会保险参保覆盖范围，重点把私营企业、民营企业、小微企业职工和个体工商户、灵活就业人员等纳入社会保险覆盖范围，稳步提高参保率，强化社会保险功能；实现城乡低保信息化管理，落实残疾人各类补贴，健全重特大疾病医疗保险和救助制度。推进公办养老机构改革，构建"1+4"养老服务联合体。实施社区养老服务提质工程，形成"一中心、多站点"社区居家养老服务网络。

（四）全面深化改革，改善县域发展制度环境

深化体制机制改革，探索新的发展方式，用改革的办法解决发展中遇到的问题。坚持和完善社会主义市场经济体制，聚焦成德眉资同城化综合改革综合试验区建设，充分发挥市场在资源配置中的决定性作用，更好地发挥政府作用和有效发挥社会力量作用，持续深化重点领域和关键环节改革，进一步提高要素效率和全要素生产率。毫不动摇巩固和发展公有制经济，毫不动摇鼓励、支持、引导非公有制经济发展。深化国资国企改革，健全以管资本为主的国有资产管理体制，鼓励区属国有企业通过投资入股、联合投资、重组等多种方式发展混合所有制经济。

深化体制机制改革，要重点推进金融财税制度改革。不断推进的金融财政体制改革为县域经济发展提供了契机。要完善政府预算体系，制定公共支出绩效目标，编制绩效预算，探索中长期财政预

算规划管理。配合推动形成市区两级财权、事权与支出责任划分、跨区域产业转移、园区共建、项目统筹的成本分担和财税利益分享机制。健全政府债务管理和风险预警机制。全面落实国家各项减税减费政策，加快税收征管体制和征管能力现代化建设。强化地方法人银行专注"三农""小微"主责主业，鼓励金融机构拓宽优质轻资产企业融资渠道，扩大应急转贷、助保贷、园保贷覆盖范围，持续推广知识产权质押、"政银担"合作等融资新模式，积极推进"险资入旌"，加快农业保险提标扩面增品。

（五）推动城乡一体化，建设美丽新乡村

健全城乡融合发展机制，推动城乡要素平等交换、双向流动，为乡村振兴注入新动能。探索利用多重措施，诸如深化户籍制度改革、建立城市人才入乡激励政策、健全集体经济组织经营人才培育和开发利用机制等，促进城乡要素双向流动。

统筹推进新村建设和农村人居环境、生态环境整治，建设美丽新乡村。一是加快中心镇建设步伐。支持孝泉镇、黄许镇、和新镇打造经济发达、配套齐全、治理完善、带动力强的中心镇，建设现代新型小城市和县域经济副中心；立足"产、镇、人"深度融合，推动柏隆镇、德新镇、双东镇、新中镇特色化、差异化发展，打造特色突出、功能完善、环境优美、文化厚重的特色镇。二是通过塑造乡村生态景观，提升垃圾污水治理能力以及推进农村"厕所革命"等方式实现旌阳区农村人居环境、生态环境大提升。整合现代农业、新型社区、文化村落、乡村旅游等示范点资源，打造"望见乡愁、畅游古今""田园拾趣、花果飘香"等一批乡村振兴示范环线。打造以"城郊"风貌要素为主导的近郊现代乡村，以"平坝"风貌要素为主导的田园乡村，以"丘陵"风貌要素为主导的丘陵乡村，以"绵远河""石亭江"风貌要素为主导的滨河水乡；推进旌阳区水环境治理PPP项目，实施农村生活污水治理；创新农村生活垃圾就地分类和资源循环化利用方式，探索推广"户分类、村收集、镇转运、县处理"的垃圾收运处置模式；综合地形地貌、生产方式、卫生习惯、用肥特点等因素，合理选择厕所建设模式，推进农村"厕所革命"。

第二节 德阳市罗江区玄武岩纤维产业高质量发展

德阳市罗江区地处成都平原北部边缘，是成渝地区双城经济圈、成德眉资同城化、成德绵一体化的重要交通节点、产业节点和物流节点。

近年来，罗江区工业经济迅猛发展，产业园区从无到有，综合实力显著提升。"十三五"末，罗江区地区生产总值年均增长10.2%；三产比重从2015年的19.1∶55.7∶25.2优化为16.6∶54.8∶28.6；县域经济由全省75名上升至48名。罗江区工业总产值较"十二五"末增长82.2%；农林及渔业增加值较"十二五"末增长42.5%；服务业增加值对经济增长的贡献率突破50%；旅游收入年均增长20.4%。

为坚决贯彻落实成渝地区双城经济圈建设战略，罗江区委、区政府提出要做优做强罗江区玄纤之都、文旅智谷、科教新区、幸福家园"四张名片"。本节以罗江区玄武岩纤维产业为重点研究对象，对罗江区玄武岩纤维产业发展的现状、前景、存在问题等进行分析，并提出对策建议，进一步做强先进材料产业，高质量推进罗江区"玄纤之都"名片的打造。

一、现状

玄武岩纤维是以天然的火山喷出岩为原料，在1 450℃~1 500℃熔融后经铂铑合金漏板高速拉丝形成的连续纤维，具有低吸湿率、耐酸碱、防火阻燃、耐高低温、高强度、绝热隔音、轻质、过滤性好、抗辐射等优异性能。20世纪60年代初期，苏联开始进行玄武岩纤维研究开发。目前，玄武岩纤维产品主要来自乌克兰、俄罗斯、中国、美国、德国、比利时等国家。据统计，2019年全球玄武岩纤维市场规模达2.27亿美元，2017—2020年全球玄武岩纤维市场年复合增长率超过15%。我国对连续玄武岩纤维的生产技术研究始于1970年，经过几十年发展，产品研发创新已处于全球领先地位。连续玄武岩纤维也作为国家重点发展的四大纤维（玄武岩纤维、碳纤维、芳纶纤维、超高分子量聚乙烯纤维）之一，被列入战略性新兴产业重点支持的高性能纤维材料。2020年国内玄武岩纤维产量达到10万吨规模。

为深入贯彻落实党中央、国务院关于加快新材料产业发展、建设制造强国的重要战略部署，紧紧围绕省委"一干多支、五区协同"发展战略，加快构建"5+1"现代产业体系，推进工业经济高质量发展，德阳市按照提前"谋划"、精心"策划"、科学"规划"、精准"计划"的总体发展思路，出台了《德阳市玄武岩纤维产业发展规划（2020—2030）》和《德阳市加快玄武岩纤维新材料产业发展若干政策》，推动全产业链协同发展。罗江区则坚持以玄武岩纤维新材料作为产业发展的增长点和突破口，在前期技术创新阶段，成功解决了玄武岩纤维生产过程中的世界性难题，总的技术已处于世界先进水平。目前，已成功建成世界首套万吨级池窑连续玄武岩纤维生产线并实现量产，其单体窑炉全球最大、产能居全球第一、产品种类最齐全，为玄武岩纤维池窑法生产画上了浓墨重彩的一笔，同时也是世界玄武岩纤维发展史上的一座里程碑。

（一）技术领先

在各级的大力推动下，国内玄武岩纤维产业已突破发展中原料均化、池窑生产、大漏板拉丝三大技术瓶颈，掌握了玄武岩纤维熔炼、拉丝和浸润剂等关键技术，四川也初步形成了德阳（罗江）和成都（航天拓鑫）、广安（华蓥）、达州（高新区）、雅安（天全）"一超四强"的区域产业发展格局，全省玄武岩纤维产业产能达到4万吨。但目前国内大多数地区采用坩埚法生产的玄武岩纤维因受制于玄武岩热透性差、熔化温度高、高温流体黏度高等特性，面临规模化量产难题。主要表现在：一是工艺路线落后，导致生产作业困难；二是生产效率低下，导致产品成本居高不下；三是产品质量波动大，导致产品开发稳定性差；四是难以规模化生产和供应，导致市场推广应用无法获得重大突破。

为进一步破解玄武岩纤维产业发展的难题，近年来，德阳市罗江区倾力推动玄武岩纤维产业发展，支持川纤集团开展池窑生产连续玄武岩纤维的研发，攻克了原料均化与配制技术、池窑熔化技术、大漏板生产技术、浸润剂表面改性技术等一系列技术难题，2019年我国第一条具有完全自主知识产权的连续玄武岩纤维池窑拉丝中试项目顺利投产，2020年8月世界首套万吨级池窑拉丝连续玄武岩纤维生产线正式下线。目前，川纤集团已全面掌握玄武岩纤维的窑炉设计制造、2400孔拉丝漏板、产品改性浸润剂等整套生产流程工艺，彻底解决了坩埚生产连续玄武岩纤维成本高、品质不稳定、价格高的问题，可实现大批量、自主化、定制化产品生产。

经权威机构检测，该池窑生产的纤维断裂强度超过行业同规格产品的40%，单纱线密度波动（3.5%以内）远高于同行业水平，能够满足各种复合材料性能设计要求，同时，每吨纤维能耗在0.91吨标煤以下，比当前同行业生产能耗标准低10%以上，比坩埚法生产工艺降低生产成本20%以上。

（二）应用广泛

当前，罗江区正积极推进玄武岩纤维后制品的开发应用，不断延伸产业链条，壮大产业发展质量和规模，形成以川纤集团为代表的产业集群，打造十亿级企业、百亿级园区、千亿级产业。目前，罗江区已同多个国内知名科研院所、高等院校建立合作关系，推动玄武岩纤维复合材料的研发和应用不断取得新突破。

研发方面，罗江区积极对接国内顶尖行业协会、科研机构和高等院校，引进专家团队，着力搭建行业协同发展平台，努力构建产业技术创新体系。目前罗江区已与中国复合材料协会签订战略协议，共建产学研平台；与四川大学、西南科技大学合作，组建德阳

（罗江）天济玄武岩新材料研究院；与新疆理化研究所合作，在浸润剂等关键技术上实现突破。

在延长产业链条方面，罗江区围绕玄武岩纤维运用重点领域和关键环节，紧扣"招大引强"工作思路，紧盯国内外龙头企业和新材料重点企业，着力在玄武岩纤维后制品加工企业上加大招商引资力度，完善产业链条、构筑产业发展生态圈。比如，在建材领域，与中建材、成都建工集团等大型建筑企业集团进行合作；在军品领域，与军工集团沟通对接将玄武岩纤维运用到核废料箱、炮弹装置建设中等；在复合材料领域，全丰新材料等复合材料运用龙头企业正对玄武岩纤维开展实验论证；在轨道交通领域，四川轨谷等企业的产品即将走出实验室。预计到2025年，罗江区玄武岩纤维相关产业产值将达100亿元。

在示范应用方面，罗江区牢牢把握产业应用新场景落地机遇，积极对接轨道交通、生态环保等领域重点企业，全力推动产业下游应用示范研发，加快抢占产业未来发展的制高点。在罗江建立两个示范应用点。一是同四川省都江堰管理局加强合作，研制出玄纤水闸板，并已在人民渠罗江慧觉段试用，建成玄纤水闸板示范应用点。二是已在罗江秀水河修复工程现场中进行了玄武岩短切纱增强混凝土浇筑，建成玄武岩短切纱增强混凝土示范应用点。将混凝土增强玄武岩短切纱纳入园区新建9条市政道路项目设计范围，将玄武岩纤维增强塑料夹砂管道（饮用水管道）、玄塑共混结构壁管、超高分子多层玄塑抗压聚烯烃复合管纳入区城乡供水一体化项目设计范围。并力争将混凝土增强玄武岩短切纱、玄纤化粪池、玄纤座椅、玄纤护栏、玄纤夹砂管等制品应用到本地市政道路、农业设施、邮票公园、供水设施等项目中，每一类分别打造两个示范应用点。

（三）产业强劲有力

（1）做强核心企业。支持行业龙头企业川纤集团做大做强，加快形成"头雁效应"，实现以大带小、上下联动。罗江区在地方一般公共预算年收入不高的情况下，整合资金、土地等要素近10亿元支持企业发展，确保企业产品研发和生产始终处于国际领先水平。由区属国有公司向四川玻纤集团定向增资1.2亿元，推进股改；投入2.5亿资金收储企业土地，并妥善解决历史遗留问题，促进企业上市；实施产业园区代建项目，计划投入5亿元，促进规模化发展。

（2）做优产业集群。投资35亿元建设涵盖池窑拉丝、工业织物、复合材料、光学材料四大板块的无机非金属材料产业园，打造"玄武岩纤维生产基地"和"纤维复合材料集群发展示范区"两个基地。目前年产能1万吨的"生产基地"一期工程已建成投产，年产能2万吨的二期工程已启动建设，2022年上半年将正式投产，届时罗江区将具备年产3万吨玄武岩纤维的生产能力，生产规模全国领先。在纤维复合材料集群发展示范区方面，2020年8月31日，罗江区高规格举办世界首套万吨级池窑连续玄武岩纤维产业化发展大会，广泛邀请国内知名院士专家学者、行业龙头企业、金融投资机构和权威主流媒体群策群力、共话发展。罗江玄武岩纤维产业已呈现出世界首套万吨级池窑率先突破、产业集群率先成势、产业生态圈率先成环的发展态势，预计到2025年，罗江区玄武岩纤维和纤维复合材料产能将分别达到10万吨/年和8万吨/年，总产值将达到200亿元。

（四）市场前景巨大

玄武岩纤维产业技术可广泛用于国防军工、交通运输、建筑施工、车船制造、石油化工、环保装备、电子信息、航空航天等领域。2020年11月2日，四川省委书记彭清华到罗江调研川纤集团，也对玄武岩纤维产业技术及应用前景给予了高度肯定，对罗江玄武岩纤维产业发展提出了殷切的希望，相信在国家部委、省领导和部级、省级有关部门的大力支持下，玄武岩纤维产业将会实现更快更大更强的发展。

二、问题

（一）产业发展缺乏统筹规划

目前四川、重庆、河北等省都在发展玄武岩纤维产业，省内德阳（罗江）、广安（华蓥）等地走在全国前列，但单打独斗、各自为政的发展格局较为突出，尚未形成促进玄武岩纤维产业协同发展的统筹协调机制。

（二）产学研协同发展格局尚未形成

主要是产学研协同平台功能不足，科研与产业"两张皮"问题突出，科研成果转化为现实生产力困难较大。

（三）产业链条未形成

一是产业链前端矿产资源不可控，可能导致丧失未来产品溢价和产能自由调节的主动权。二是产业链后端应用企业缺乏（比如：四川炬原2019年生产井圈井盖、化粪池、椅子等玄武岩纤维产品共3 700个，生产步道板900平方米，生产装配式厕所6个；广安以帕沃可公司为龙头，已拥有3条岩棉、3条复合筋、1条复合型材、1条远红外发热板生产线）。三是上下游产业链脱节。玄武岩纤维作为前端关键原材料，全球预计需求量为80万吨/年，目前全球产量不到10万吨/年，缺口巨大，下游企业担心产量缺乏连续性，不敢尝试新材料运用，限制了行业整体发展。

（四）产品标准体系不全

当前全国玄武岩标准体系建设还处于起步阶段，玄武岩纤维应用国家标准仅有三个（GB/T25045-2010玄武岩无捻粗纱、GB/T23265-2009水泥混凝土和砂浆用短切玄武岩、GB/T26745-2011结构加固修复用玄武岩复合材料），限制了玄武岩纤维产品的推广应用。

（五）要素保障不充分

德阳地区工业用电成本、用气成本平均为0.58元/度、2.3元/立方，与雅安（电价0.35元/度）、达州地区（气价1.6元/立方）相比，罗江区玄武岩纤维生产成本约30%为能源消耗，能耗成本高成为企业发展面临的主要制约因素之一，能耗成本过高导致生产成本难以降低，罗江的技术优势、规模优势、集群优势难以在性价比上得到体现。

（六）产品宣传力度不强

前期出于技术保密的考虑，将更多精力放在池窑法生产的技术攻坚和中试领域，尚未在国际、国内广泛宣传，导致市场主体对罗江玄武岩纤维产业的熟悉程度与产业发展进度认知不够，产品和市场开拓不足，招商受限，影响了玄武岩纤维产业的集聚发展。

三、对策

为加快把"小纤维"做成"大产业"，让玄武岩纤维产业切实变为四川培育先进材料万亿级支柱产业的有力抓手，构建产业竞争新优势的重要着力点，丰富纤维产品供给的重要领域，本书主要有以下几点建议意见。

（一）高标准做强天济玄武岩纤维研究院

一是加强与中科院、四川大学、东南大学、西南科技大学等高校科研院所合作，力争生产出成本低、品质高的玄武岩纤维；二是围绕玄武岩纤维生产、后制品的研发等整条产业链，在重点的技术环节、重要的产品上加强研发投入，特别是加快研发复合材料、建筑材料结构件、汽摩配件、轨道交通内饰件、整体卫浴等高附加值玄武岩纤维后制品；三是针对天济玄武岩研究院内的专家人才机制进行研究，对科技人员采取配股、知识产权转化奖励等方式予以激励；四是加强企业重点实验室、工程中心、技术中心、院士专家工作站等平台的建设，提升企业玄武岩纤维后制品研发生产的能力；五是以四川玻纤技术与生产骨干为基础，加强人才引进和培养，壮大现有玄武岩纤维池窑生产的技能型人才队伍。

（二）高质量开展产业招商攻坚行动

重点围绕建筑建材、轨道交通、汽车型材等纤维复合材料领域进行专业招商、驻地招商。组建招商小分队，学习成都模式，到主导产业的集聚区域开展不低于三个月的驻地招商；依托市区两级平台公司，组建玄武岩纤维产业引导基金，对优质的项目采取基金配套、股权投资、明股实债、项目代建等多种支持模式，实现以投促招；依托行业协会、地区商会、省市驻外办事处、省市经济合作局的外派机构，实施平台招商；依托科博会、西博会、品牌联盟、川商行等活动，实施推介招商；依托现有企业、客商、金融单位、招商中介等主体，制定招商中介奖励政策，激励推动中介招商。

（三）多层次推进标准体系建设

积极开展企业标准、行业标准、国家标准的建设。一是针对玄武岩纤维仅有的国家标准，推动相关国家标准的修订和起草，重点建立《沥青混凝土用玄武岩短切纱》《玄武岩过滤布》等国家标准。二是针对行业标准全部集中在交通运输、公路工程方面的情况，积极争取上级有关部门支持，承接《沥青混凝土用玄武岩短切纱》四川省地方标准建设；联合中国复合材料协会、中国工程塑料协会及相关生产企业主动承接《热塑性复合材料用玄武岩纱》行业标准建设。三是支持四川玻纤对沥青混凝土用玄武岩短切纱、纺织型连续玄武岩纱、弹性体用连续玄武岩纤维纱、电子级玄武岩纤维布、玄武岩过滤布、玄武岩纤维方格布等七类产品进行企业标准制定。

（四）多途径拓展市场应用

目前罗江玄武岩纤维主要应用于拉挤类异形材料、缠绕类复合材料等，一方面联合应用场景部门围绕玄武岩纤维产业高性能化、稳定化、量产化和高端化，大力拓展玄武岩纤维复合产品在汽车、船舶、航空航天、土木、交通、化学工程和能源等多领域的应用，支持玄武岩纤维产品的绿色认证，将其列入四川省地方名优产品目录，促进玄武岩纤维产业集中、集约、集群快速发展。另一方面，政府部门加强监管，规范下游产业市场秩序，如采取由甲方集中采购材料等方式，防止以次充好，扰乱市场价格。

（五）多方位争取发展支持政策

一是对接省委、省政府，将玄武岩纤维产业发展上升为四川省重点产业发展战略，纳入四川省工业"十四五"专项规划，在重大项目、规划布局等方面做好统筹，避免无序不良竞争。二是对接省级相关部门，能对已经建成的规模化生产线，以及取得重大科技成果和技术进步的研发项目给予专项资金支持，鼓励纤维生产企业进行市场推广，积极开展新材料首批次认定及应用推广。申请将连续玄武岩纤维池窑生产示范线项目纳入国家产业化发展专项支持，给予配套项目资金。支持企业创建省级工程实验室，并对平台在人员引进、项目经费等方面予以重点支持。三是充分发挥财政奖补资金的引导示范作用，对川纤集团筹建四川省纤维复合材料产业创新中心给予技术指导和政策支持。将罗江玄纤生产电费纳入《关于落实精准电价政策支持特色产业发展有关事项的通知》补助范围，支持罗江玄武岩纤维及其复合材料生产到户电价不超过0.3元/千瓦时的标准。

（六）多举措加强要素保障

一是完善土地要素保障。积极争取到德阳市机动指标，加快推进城南园区规划调整，并及时开展规划环评，及时协调解决企业及项目建设用地指标问题。二是完善生产要素保障。尽快向上级部门申请协调，争取电价、气价优惠政策，切实降低企业生产成本，提高罗江玄纤产品场竞争力。三是完善资金要素保障。跟进督促资金落实情况，确保资金及时到位，推动项目建设和股改上市。

第三节　以改革创新推动广汉县域经济高质量发展

广汉位于成都平原经济区腹心，是中国农村改革起源地、古蜀文明发祥地和中国民航飞行员的摇篮。近年来，广汉市深入贯彻落实省委"一干多支"发展战略，积极抢抓"一带一路"建设、成渝地区双城经济圈建设、成德眉资同城化发展重大机遇，以建设成德同城先行融合区为统领，聚焦聚力优势产业提质增效、园区建设提档升级、资源要素充分汇聚三大重点，改革创新、锐意进取，推动县域经济转型发展、创新发展、跨越式发展。2020年，广汉市完成地区生产总值429亿元，一般公共预算收入22.9亿元，社会消费品零售总额193.1亿元，全社会固定资产投资增长8.1%，城乡居民人均可支配收入同比分别增长5.8%、8.4%，位列中国西部百强县（市）第15位、全国营商环境百强县（市）第15位、全国投资潜力百强县（市）第71位。

一、广汉市推动县域经济高质量发展的具体做法

（一）抓优势产业培育，强化县域经济发展支撑

近年来，广汉市产业辐射带动力不断增强，产业结构不断优化。"十三五"期间，广汉市三次产业结构优化调整为9∶50.6∶40.4，成为中国产业集群经济示范市。在培育优势特色产业方面，广汉市主要抓好"三个链条"：

一是拉长产业链。充分发挥龙头企业的带动作用，打造特色产业集群，形成了油气装备制造、医药、食品和通用航空、新材料，以及数字经济"3+2+1"产业体系。围绕打造中国最大的油气装备产业集群，壮大以航天宏华为龙头的油气钻采产业联盟，油气装备产业园入选全国区域品牌价值百强榜，位居四川省制造业园区第二名。以全国唯一的国家通用航空创新型产业集群试点为契机，推动凌峰航空、西林凤腾等一批航空企业不断壮大，广汉市有航空装备制造企业7户，专业院校3家，形成了集研发、制造、培训、运营、维修保障于一体的产业体系。抢抓数字经济发展机遇，以京东西南智能运营结算中心为龙头，全力打造"互联网+"电商新经济生态产业城、智能订单生产中心，构建数字经济产业集群，2021年以来，5家数字产业企业达到入规条件。

二是提升价值链。实施培强培优企业行动，设立中小企业发展专项基金，支持企业通过"工业4.0""互联网+""智能制造"等进行升级改造，推动生产性企业向专业化和价值链高端延伸；实施"传统产业提振"计划，推动油气装备、医药、食品产业产品提质、技术提升、装备提档、管理提效，加快转型升级步伐；实施"未来产业培育"计划，前瞻布局人工智能、区块链、5G等技术创新与产业应用，确保在新一轮竞争中抢占先机、赢得主动；推进质量强

市、品牌强市建设,打响"金龙鱼""米老头""新升""汉舟"等一批"广汉造"知名品牌,益海粮油、宏华公司入围"全省百强",汉舟电气跻身全国首批专精特新"小巨人"。

三是培育创新链。深入实施创新驱动发展战略,推进"政产学研用投"深度融合,用好"三大院""三大校"等院校资源,400余家企业与80余所高校、科研院所建立合作关系,拥有国家重点实验室、高新技术企业69家、国家级知识产权优势企业2家。2019年广汉市新增专利授权814件,新增重大科技成果项目10项,与中国"中国科技产业化促进会"合作打造德阳科技产业创新中心,入驻企业138家,全市高新技术产业主营业务收入超300亿元。首个外籍专家工作站挂牌成立,天舟公司航空汽油新产品打破国外垄断,宏华公司与吉林大学联合研发项目荣获国家技术发明二等奖。

(二)抓园区提档升级,做优县域经济发展平台

广汉市境内有德阳高新区、三星堆文化产业园和广汉工业集中发展区三个市级以上产业园区,同时正在积极创建国家现代农业产业园区和省全域旅游示范区。近年来,广汉市聚焦空间布局、聚集方向定位、聚力招大引强,全方位推进园区提档升级。

一是高位谋划,塑造地理新格局。广汉市以乡镇行政区划和村级建制调整改革为契机,按照"扩容提质中心城区、培大育强产业高地、擦亮打响文旅品牌、振兴崛起区域重镇"的思路构建起"中心扩容、四向拓展"的新格局。中心城区,撤销非农居民比例较高的北外、雒城、新丰三个乡镇,设立金雁、雒城、汉州三个街道,城区面积达76.8平方千米,常住人口达30万人,承载能力进一步提升;南向,深入实施广汉—青白江《交界地带融合发展实施方案》,主动融入"一带一路"大港区建设,共同搭建高能级产业空间载体;北向,积极参与天府旌城建设,推动工业集中发展区与德阳经济技术开发区共建产业生态圈;西向,以三星堆新一轮开发利用为契机,加快三星堆文化产业园区建设,前瞻布局天府大道北延线城市经济带;东向,积极对接参与龙泉山城市生态公园建设,打

造生态特色小镇，推动康养、民宿等产业快速发展。

二是高点定位，理清发展新方向。按照"差异定位、各有主业、协同推进"的原则全力打造、重点建设产业园区，确保一园一主业，园园有特色。其中，德阳高新区为国家级高新区，综合实力位居四川国家高新区第三，发展以通用航空为主，智能制造、教育金融为辅的"一主两辅"产业格局，着力建设千亿产业园区，该园区总占地18平方千米的通航小镇已正式发布，3 800亩水面的三星湖水系综合整治项目正加快实施；广汉工业集中发展区形成以发展数字经济为主、医药食品为辅、不锈钢循环经济产业园为特色的"一主一辅一特色"产业格局，着力建成500亿元的省级经济技术开发区；三星堆文化产业园区为国家级文化产业示范基地，以建设世界古文明研究和文化旅游高地为目标，目前正积极创建国家5A级景区。

三是高质招商，增强产业新动力。坚持园区搭台、项目唱戏，推动县域经济持续快速发展。不断创新招商方式，制定"1+10"招商优惠政策，强化精准招商、定点招商、中介招商，促使招商引资向招商选资和招才引智转变，近五年广汉市招商引资协议总额达905亿元，引进产业项目122个，京东、一汽解放、联东U谷等一批大项目、好项目落户广汉市；积极对接上级重点领域和专项建设基金投资方向，提前做好项目包装，谋划、争取、储备一批重大项目，多个项目被列入省市重点项目；整合了全市的优质资源，积极盘活闲置资源，解决项目落地"最后一公里"的问题，为优质重点项目创造了有利条件。

（三）抓资源要素聚集，增强县域经济发展活力

倾力打造宜居的城市、宜达的交通、宜商的环境，推动人流、物流、信息流、资金流在广汉市快速流通、加速汇聚，不断提升广汉市高质量发展的软实力和吸引力。

一是着力建设宜居的城市。坚决践行"两山"理论，全力打好污染防治攻坚战，环境质量持续向好，国控地表水考核断面水质全

部达到Ⅲ类，城市环境空气质量优良率达88.5%。坚持每年规划实施一批重大基础民生项目，统筹推进城乡建设，近年来，多个乡镇纳入"百镇建设行动"试点，其中连山镇锦花村入选全国乡村治理示范村，高坪镇、三水镇友谊村等"一镇三村"被评为省级乡村振兴先进乡镇和示范村。通过城乡硬件升级、软件提质，充分展现了广汉市的生态之美、城市之美和人文之美。

二是着力构建宜达的交通。广汉市充分发挥"北接德阳，南融成都"的地理优势，以建设"七纵七横"交通干线为重点，形成了高速公路、城际快速通道、轨道交通等多种方式并行，内外畅达、城乡一体的大交通格局。成功创建"四好农村路"省级示范县，成德同城标志性工程天府大道北延线、G5扩容线广汉段正在建设中，建设了玉璋路等七条对接青白江区的城市道路，广汉至青白江、至新都地铁站等城际公交有序运行，市域铁路S11线、S10线、S12线建设正有序推进。

三是着力打造宜商的环境。全面落实减税降费各项政策，针对疫情给企业发展带来的负面影响，广汉市自主出台纾难解困十条政策，预计拨付资金5 000余万元；坚持在简政放权上下功夫，深化"放管服"改革，创新开通行政审批园区"直通车"，工程建设项目开工时限缩短至60个工作日内，不动产登记时限缩短至5个工作日内；坚持在要素保障上下功夫，重大项目实行"一个项目、一个领导、一个专班"，帮助企业集中突破融资、土地、要素供给等瓶颈制约。

二、广汉市推动县域经济高质量发展面临的挑战

在推动县域经济高质量发展过程中，广汉市取得了一些成绩，但也面临着不少瓶颈和困难。特别是2020年以来，受疫情和国际形势的影响，广汉市县域经济发展面临更大的挑战，具体表现在：

（一）土地利用规划受限，土地指标瓶颈制约发展

广汉市目前辖区总面积为548.7平方千米，实有耕地面积为323.7平方千米（其中永久基本农田257.1平方千米，一般农田

66.6平方千米），余下225平方千米为建设用地、未利用土地（包括水域、滩涂沼泽、自然保留地等）和其他农用地（包括园地、林地、草地等），广汉作为县级城市，在建设用地比例很高的情况下，土地利用规划明显受限，仅仅依靠在广汉内部调整已经难以为继。

广汉市企业发展和项目建设需要的指标缺口约为13 500亩，其中天府大道北延线还缺建设用地指标3 033亩，德阳高新区骨干路网还缺建设用地指标约3 000亩，工业集中发展区规划面积13平方千米，已建成10平方千米，余下约3平方千米为预留京东二期、医药基地和城市建设（生态环保）项目用地，已基本无地可用。

（二）城市总体规划受限，城市发展受阻

四川省批复广汉市到2030年中心城区面积不得突破50平方千米，包括其他乡镇、产业园区在内不得突破70平方千米。目前，中心城区实际已建成面积达39平方千米，其余14个乡镇建成面积达20平方千米（已达规划极限），只剩下极少数地块符合城市总规划，按广汉现有的发展速度，广汉城区面积在未来3~5年将达到规划极限。

（三）建设资金匮乏，政策扶持力度不够

受国家政策限制，虽然建设资金短缺，但是政府融资平台债务规模逐渐受到控制，基础设施建设等公益性项目不能再进行负债融资，加之广汉市作为县一级平台，财力配套能力有限，导致一些债券项目建设滞后。在政策支持方面，成德同城化立体交通体系建设不足，特别是轨道交通项目受人口、经济规模等因素的影响，成都地铁延伸至广汉等轨道交通项目推进缓慢。

（四）产业层次不高，创新不够

从广汉市企业的产品结构来看，排名前几位的产品分别是铝合金门窗、页岩砖、纸箱、金属门窗、铝型材、塑料制品、大米、粉条、浴室柜。大部分企业产业结构相对单一，基本上是对原材料的粗加工，如建材行业的产品很大程度上是门窗、砖，附加值较低，同时缺乏具有自主知识产权的核心关键技术和产品，企业转型升级缓慢，产品同质化严重，没有实现差异化的生产，资本、技术与知识密集型产业的企业很少，企业产品科技含量、装备现代化程度、技术开发投入不足，模仿引进多、研发创新少。

（五）制约生态文明建设的因素依然存在

在生态建设方面，还存在生态文明建设体制机制不健全、发展与保护矛盾凸显的问题；同时，由于农业和工业的发展，也衍生出一些制约生态文明建设的因素：一是广汉工业发达，工业大气污染物的排放，对广汉的空气质量产生了一定的影响；二是现代工业革命使得农业摆脱了靠天吃饭、生产效率低下等问题，农业发展机械化、化学化的普及，也造成了土壤肥力下降，农业面源污染问题存在，生物多样性也有所下降。

三、广汉市推动县域经济高质量发展的路径选择

（一）实施扩大内需战略，积极融入新发展格局

1. 积极扩大有效投资

提高"谋项目"的预见性，聚焦"两新一重"，动态充实项目库；提高"争项目"的成功率，全覆盖实施项目专业化包装，开展"立项争资攻坚年"活动，纳入上级"盘子"项目数、争取上级资金量增长10%以上；提高"建项目"的实效性，深化基础设施补短板和新型基础设施建设三年行动，落实"要素跟着项目走"保障机制和"项目专班""红黑榜"推进机制，全力推动计划投资项目；持续向社会资本集中推介重点领域项目，激发民间投资的积极性。

2. 大力促进消费升级

扩容消费载体，打造银座等智慧商圈、梓潼街等特色步行街，推进火锅特色小镇和火锅食材园建设。创新消费业态，打造京东线下展示展销仓，建设智慧农贸市场、夜间经济示范点等。丰富消费供给，深化市场拓展活动，支持汽车、家电等大宗商品消费。通过加强消费信用体系和质量标准体系建设，打造放心舒心消费城市。

3. 深入实施开放合作

积极参与"一带一路"建设,高标准建设自由贸易试验区协同改革先行区、中国(德阳)跨境电子商务综合试验区试点应用区,打造德阳开放门户。组织企业参加"广交会""进博会"等经贸活动,在更大范围、更高层面拓市场、扩产能。

(二)打造成德同城化发展先行融合区

1. 推进交通互联同网

围绕建设成都都市圈通勤最佳城市,构建综合交通运输体系。丰富城际交通网,推进天府大道北延线、G5高速扩容线建设,做好S11线、天府机场快速通道、德阳绕城高速前期工作。畅通城乡内循环,扩建桥梁、建设城市道路。完善交通服务,新建停车场、加密城际公交,争取更多高铁班次经停广汉。

2. 推进产业协作共兴

围绕建设成德临港经济产业带,深度融入"金青新"大港区,与青白江共建铁路临港产业协作区。携手打造产业生态圈,在智能制造、汽车产业、现代物流等领域加强协作互动,形成区域产业"小循环"。与中国西部(成都)科学城对接,加强协同创新,建设成都科技成果转移转化优选地。打造"大九寨—大熊猫—大遗址"等跨区域精品旅游线路,争取共同申办、举办重大文旅活动和体育赛事。

3. 推进公共服务共建共享

加强同周边县(市、区)协作,深化跨区域政务服务,增加高频审批事项。大力开展合作办学办医,加快建设"青广教育城",建立广汉—青白江传染病区域联防联控机制,打造医疗专科联盟。建立空气质量联合会商、河湖长制联席会议制度,携手开展成都平原大气污染防治,合力加强沱江流域水生态环境治理等。

(三)坚持工业兴市强市,推进制造业高质量发展

1. 注重产业增效

升级发展装备制造、医药、食品三大主导产业,推动益海粮油、宝石专用车、依科制药等重点企业加快技改;开工建设一汽解

放商用车及配套项目，打造西部中高端商用车生产基地。壮大先进材料、通用航空两大新兴产业，加快打造通航小镇。加快提升数字产业化比重、产业数字化进程，启动"5G+工业互联网"工程，建设大数据管理运营科创园。

2. 抓好企业培育

解决民营经济历史遗留问题，帮助企业打通产业链、畅通供应链，协调解决融资、用地等实际困难。实施大企业大集团培育"头雁计划"、科技型企业培育"春笋计划"、专精特新企业培育"先锋计划"等。

3. 加快园区建设

加快建设德阳高新区骨干路网及配套设施、完善广汉工业集中发展区基础设施、加快建成社区综合服务体等市政项目。通过大力出清"僵尸企业"，盘活低效闲置土地，提高园区税收贡献比重。

(四) 发挥文旅发展优势，促进现代服务业发展

1. 创建三星堆国家文物保护利用示范区

实施保护传承工程，配合出台《三星堆遗址保护条例》，完成开放式文物修复馆建设和青铜馆陈列改造，开工建设博物馆新馆，启动遗址公园建设。实施研究阐释工程，抓好考古遗址区环境治理，全力推进遗址考古发掘，建立健全多学科考古体系，系统开展考古资料整理研究。实施融合发展工程，加强与国际知名文旅企业洽商合作，打造三星堆文化产业园，完成三星堆大道主线工程，促进文旅文产文创文商深度融合。实施品牌塑造工程，大力推动三星堆古蜀文化"走出去"，参与国家"一带一路"文化发展行动计划和重大文化交流品牌活动，办好系列联展巡展特展，全面提升三星堆国际知名度和影响力。

2. 大力发展全域旅游

完善优化旅游设施，提档升级易家河坝景区基础配套，新增五星级酒店、主题旅游饭店、星级农家乐等。培育特色旅游活动，提升桃花节、油菜花节的内涵和品质，举办系列体育赛事。争创天府

旅游名县，继续推进三星堆古蜀文化旅游区创建5A景区，开发乡村旅游景点、文旅农旅精品线路，创建2A级景区。

3. 做优做大现代服务业

新增规模以上服务业企业、壮大现代物流集群，推动京东一期三批次和二期开工、宝湾国际智慧物流港建成投产。发展会展经济，通过完善会展中心片区配套服务，举办好四川国际航展。振兴广汉餐饮品牌，扩大金雁酒、连山回锅肉等美酒美食的知名度。

（五）全面推进乡村振兴，加快农业农村现代化

1. 巩固拓展脱贫成果

严格落实"五年过渡期"和"四个不摘"要求，保持主要帮扶政策总体稳定，逐步实现由集中资源支持脱贫攻坚向全面推进乡村振兴平稳过渡。聚焦脱贫不稳定户、边缘易致贫户以及收入骤减和支出骤增户，健全防止返贫动态监测和帮扶机制，坚决防止规模性返贫。扎实抓好资金资产项目管理和监督，确保持续发挥效益。选优配强村"两委"班子和致富带头人，促进农民富裕富足。

2. 建好现代农业产业园

落实粮食安全责任制，严格重金属超标稻谷处置制度，全面推广粮食生产"四化"，坚决遏制耕地非农化、防止"非粮化"，建设高标准农田，确保粮食产量稳定。做好生猪稳产保供，完成生猪生产任务。集中力量打造稻虾公园、稻花公园和菜花公园，争创省级稻菜现代农业产业园。大力培育新型农业经营主体，深化职业农民制度试点，创建省级家庭农场示范县。

3. 实施乡村建设行动

统筹城镇和村庄规划建设，积极有序推进"多规合一"实用性村庄规划编制。加强乡村公共基础设施建设，全面完善水电路气网、物流等基础设施，整治江河堤防、建设"四好农村路"、水美新村。深入实施农村人居环境整治，推行"厕污共治"，建设"干净整洁院落"以及"美丽四川·宜居乡村"。开展文明乡风建设行动，创建乡村治理示范镇村。探索农村集体经营性建设用地入市、

农村宅基地有偿退出机制，制定村集体经济发展扶持计划。

（六）深入推进改革创新，激发高质量发展内生动力

1. 深化改革攻坚

做好"两项改革"后半篇文章，成立村（社区）公共卫生委员会，探索建立社工服务站，深化省级城乡社区治理试点县建设。推进大部门大警种制改革，健全现代警务管理体制。加快综合行政执法改革，推动"一支队伍管执法"。深化国资国企改革发展，推动广鑫公司、高新公司做强做优做大。统筹抓好教育、医疗等各领域改革，加强系统集成、协同高效。

2. 强化创新引领

大力培育创新平台、支持"产学研"创新联合体建设。优化创新生态，出台特殊人才补贴计划、人才引进和培育实施办法，加快集聚创新人才和团队。

3. 优化营商环境

打造便捷高效政务环境，深化"证照分离"和"照后减证"改革，探索"5G+智慧政务"新模式，压缩工程建设项目审批时限。打造宽松有序市场环境，深入实施市场准入负面清单制度，全面推行"双随机、一公开"监管，健全市场主体轻微违规行为容错机制，对新产业、新业态实行包容审慎监管。打造公平正义法治环境，加强中介机构管理，健全信用"红黑名单"制度，依法保护市场主体合法权益。

第四节　什邡市县域经济转型发展

"郡县治、天下安。"在我们党的组织结构和国家政权结构中，县一级处在承上启下的关键环节，是发展经济、保障民生、维护稳定的重要基础，因此，县域经济是国民经济的基本单元，是全面小康稳定的基本要素。工业经济是县域经济发展的重要支撑，产业转

型升级是引领县域经济发展新常态的核心和关键,故本书以新发展理念为指引,主要针对什邡市县域经济发展的现状和问题,进行分析,探索路径,着力推进什邡市县域经济产业转型升级,实现什邡市经济的高质量发展。

一、什邡市县域经济转型发展的现状

(一)注重培育优势产业,助力县域经济转型升级

一是以科技创新夯实主导产业发展路径。借助成德绵全面创新改革和创建国家首批创新型县(市)的契机,加快高新技术企业发展壮大,不断引导新旧产业企业加大科技研发,进一步筑强食品医药、精细化工等传统产业,壮大航空与燃机、轨道交通、节能环保新材料、旅游康养等新兴产业。

二是以规模品牌引领农业高质量发展。实施"一村一品""一镇一业"等区域化布局,推进蔬菜、食用菌、中药材、晒烟等农业产业规模化、区域化发展。截至目前,什邡市共培育万亩现代农业产业示范区11个,新型农业经营主体463家,创建农产品"三品一标"认证33个,"红白豆腐干"获批地理标志,已建成国家绿色无公害蔬菜基地、中国雪茄烟种植基地、中国黄背木耳生产基地,并获得"中国雪茄之乡""中国黄背木耳之乡"的称号。

三是以融合拓展激发服务业新动能。通过总部企业政策引导,推进"蓝剑饮品""嘉寓门窗"等企业销售回什邡结算;通过京什携手,推进"唯怡""麻仔"等特色食品进京参展拓宽市场,通过第三方电商服务培育,使"蜀客""王朝电子"等电商企业销售额在全省领先,不断为"互联网+"转型升级注入活力;打造心灵之旅、工业之旅旅游线路,新建"半山隐庐""青云外"等精品民宿,提质"川西第一漂""四季东城"等景点建设,实现旅游收入增长40%以上。

四是以环保倒逼实现绿色可持续发展。创新磷石膏治理经验,渣山变公园成为全国范例;创新"环保+公检法"经验,环保警察

执法在全省得到推广；创新全民参与环保，2014年以来，共召开千人环保大会2次，开发"环保随手拍"App应用程序。

（二）注重培育集约型园区，助力县域经济后劲支撑

一是创新园区机制建设。积极学习省内外园区建设新模式，推进人事体制机制改革，提升管理者积极性，不断提高内部运行效能。目前，园区入驻企业181家，其中规模以上企业106家，2020年比2019年产值增长22.2%。

二是企业服务全覆盖。坚持"营商环境就是生产力"理念，通过38名联企干部"一对一"联系服务工作法，重点开展"三送三办两访"、设立金融服务工作站，推出"惠园贷"等信贷产品为企业解决融资难问题。

三是搭建校企科技平台。与四川大学、电子科技大学、西南交通大学等省内高校合作，共建实验室、实训基地，开展"专班"职业技能培训，为明日宇航、步阳门业等企业开展小班化、定制化技能培训。

（三）注重探索区域协同，助力县域经济提质增效

一是着力推进全域城镇化。什邡市共投资12亿元建设学校、镇卫生院和敬老院，全面推进"厕所革命"和"五改三建"，不断推进民生事项迈上新台阶；建成600余亩的城市"绿肺"——雍湖公园，提标城北公园、足球公园，加快城西片区、蓥峰宾馆片区等棚户区改造工程，完善城北快速通道、亭江东路等道路建设；重点通过项目清单、任务清单管理，推进师古镇和元石镇中国雪茄小镇、冰川镇依云小镇、红白镇花海林原旅居小镇建设。

二是加快推动成德同城化。重点制订五年行动计划，落实区域规划同城化、基础设施同城化等8大任务25个细项，明确40个项目进度，全面与彭州合作，并签订《彭什跨区域资源转化合作框架协议》，明确要建设试验区，目前正加快以交通先行为切入点，推进成德快速通道什邡段、沿山公路等项目的建设。

（四）狠抓资源要素，助力县域经济服务保障

一是着力加强政策要素保障。什邡市出台总部经济发展管理办法、企业投资项目"承诺制"、招商引资等政策；制定引进和培养优秀人才办法等举措。什邡市建立了三个人才工作站。

二是着力加强资源要素保障。八角水库成功蓄水，将有效为30万人口城市提供安全用水；配电网络设施进一步完善，什邡市用电稳定情况位居德阳地区第一；通信、移动等信息化全面提标升级，5G基站正在推进中；多个天然气井田有力地解决了企业用气难问题。

三是着力加强用地涉污保障。什邡市近一年获批建设用地1 000余亩，城市污水处理厂提标扩容工程主体完工，全市所有镇均建有生活污水处理厂，预计年底全部竣工使用。

四是着力加强财力保障。近年来，全市通过逐年增加市级财政投入，不断畅通断头路，推进园区九通一平，确保环保攻坚等项目落地落实。

二、什邡市县域经济转型发展的问题

（一）外部挑战错综复杂，形势严峻

在新发展阶段，什邡市面临的外部挑战更加错综复杂，结构调整中的一系列矛盾问题亟待解决。世界经济增长呈现趋势性放缓，新型冠状病毒全球蔓延，外需相对收缩，经济下行压力进一步加大。成渝地区双城经济圈建设强化双核极化作用，核心资源争夺更趋激烈，科技、人才等资源要素可能会加速流失。

（二）产业与产品结构不够优化，企业核心竞争力不够强

一是工业产业结构不合理。什邡市高科技、高收益的特色优势产业不够多而技术含量低、高能耗的资源型产业还存在，如分布在师古、双盛和禾丰的小化工厂，这些工厂存在安全环保隐患。

二是中小企业发展不充分。目前，什邡市已形成了以食品饮料、化工、建材、冶金、机械和医药为主的优势产业和支柱企业，

四川中烟什邡分厂、宏达集团、蓝剑饮品等大企业发展势头良好，但同时反映出什邡市中小企业发展并不充分，融资难已成为制约中小企业发展的主要因素。

三是工业产品结构比较单一。什邡市主要生产初加工型产品，具有自主知识产权的高附加值产品少。

（三）自主创新能力不够

什邡市工业企业还未形成整体的企业自主创新能力和管理水平的内驱动力，研发投入强度、人力资本积累、科技创新能力提升力度仍显不足。

一是由于资金的原因，企业在研发、内部技术中心建设上投入不够。

二是企业技术性人才和高层次人才缺乏。由于什邡市企业人才引进和培育机制不健全，并且企业与高校、什邡职业中专学校之间的合作、联系不足，加之什邡市高等院校少，致使人才资源流动不足，企业在高层次人才和技术型人才引进方面存在困难，从而影响了企业自主创新能力的形成与提高。

三是创新平台层次较低，创新人才严重不足。

（四）产业集聚和集群发展水平不高，尚未形成优势产业链与产业集群

什邡市工业园区虽然明确了具体的行业功能分区，但园区签约的企业多，落地建设的企业少，围绕龙头企业引进的产业链配套企业也显不足。尽管现有企业在地理上集中在某个区域，在地方上连接成片，然而这些企业在生产上却相对独立，企业间缺乏信任和合作，缺乏共同的信息共享平台和交流合作机制，尚未形成优势产业链与产业集群。

（五）生态环境压力大

随着生态环境约束不断强化，而什邡市既是成都都市圈生态屏障区，又是传统化工工业基地，因此什邡市磷化工等传统产业转型发展任务艰巨。

三、什邡市县域经济转型发展的对策

破解什邡发展难题，厚植什邡发展优势，必须坚持改革创新，坚持高质量发展，把"创新、协调、绿色、开放、共享"五大发展理念贯彻到全市经济社会发展的各领域、各环节。

（一）长链集群壮大烟草产业

凭借全国唯一具备卷烟生产、雪茄生产、烟叶种植的"三烟基地"优势，深入实施烟草产业"一城两基地"建设，积极推进现有项目和谋划招商雪茄产业配套项目，促进产业延链补链强链，提升"中式雪茄"国际地位，重塑世界雪茄格局。力争到2025年，卷烟雪茄生产规模达160亿元、全产业链突破300亿元，打造一个在全国具有重要影响力的烟草产业集群。

一是打造中国雪茄文化名城。大力实施雪茄文化创意行动，加强雪茄文化挖掘、整理和提炼，推进雪茄文化创新和传播，增强中式雪茄软实力。持续推动"中国雪茄之乡"全球推介之旅活动，积极承办国际雪茄博览会，打造"中式雪茄"文化品牌，提升什邡雪茄文化影响力。深入推进益川老坊、雪茄风情街、澳维雪茄城堡等文旅项目建设，重点推进成渝十大文旅新地标"雪茄小镇"建设，重点围绕天府"三九大"，共创成都（四川中烟总部）—中国雪茄博物馆—雪茄小镇的独具四川品牌的雪茄文旅线路。积极引进和培育一批文创产业，重点建设雪茄文创院等项目，丰富什邡雪茄文化的内涵和外延。

二是建设中国烟草产业基地。按照"长链集群"思路，以构建全产业链为路径，加快推动中国雪茄什邡创新产业园项目建设，配套发展仓储物流、包装印刷、纸品生产、烟支配件、烟品文创等产业，构建烟草全产业链体系。协调四川中烟提升什邡雪茄烟叶在配方中的占比，积极开发构建"醇甜香"中式雪茄品类。依托四川中烟加快长城优品生活馆布局，重点推进机场及重点商圈旗舰店建设，提升川烟市场占有率。

三是建设中国雪茄种植基地。围绕建成"国产雪茄原料供应核心基地",按照"一园三区"规划,加快推进4.5万亩什邡雪茄现代农业产业园建设,辐射马井镇、马祖镇、湔氐镇雪茄适宜种植区,重点建设"GL1智慧生态雪茄原料试验基地"和"泉润茄乡"核心精品科研示范基地,着力改善烟叶种植、晾晒条件,加大现代农业技术推广应用,争创国省级农业产业示范园区,建成中国雪茄种植基地。加大职业烟农培训,依托职业中专学校、职业农民之家、村级远程教育站点等,加强栽培、田间管理、采收调制等实用技术培训,提升全市烟叶种植水平。主动承接国产雪茄烟叶开发与应用重大专项,配合德阳市烟草公司和长城雪茄厂围绕育种、栽培、调制、农业发酵、工业发酵五个关键技术进行突破,抢占中式雪茄烟叶种植技术高地。

(二)加快发展三大主导产业

一是加快发展高端装备制造。依托成德绵高端装备产业基础优势,从关键核心零部件研发及生产入手,加大自主创新力度,加快上下游产业链配套发展,着力打造以通用航空、特种设备等为主的高端装备制造产业集群。依托通用机场建设,以航空零部件制造为基础,以无人机总装与试飞为突破口,以应急救援为特色,培育快递物流、短途运输等通用航空消费市场,全力打造产业、机场、园区、小镇"四位一体"通航产业链,大力发展通用航空及零部件制造、通用航空综合服务等产业。着力构建国内领先的航空零部件制造示范区、西南地区无人机全产业链生产制造集聚区、川西地区航空应急救援先行区。力争到2025年,制造产业初步形成产业集聚,航空产业经济总规模超100亿元。围绕特种设备产业发展需求,提高关键零部件生产能力,引导传统机械加工向高技术含量、高产品质量转变,同步发展轨道交通、石油机械、新能源装备等产业,促进行业整体实力提升。支持装备制造企业参与国内外重大项目建设,提升品牌国际影响力,融入全球价值链。到2025年,高端装备制造产业总产值达到250亿元。

二是加快发展食品饮料。以"冰川时代"水文化和"天然原生态"为主题，利用原料优势和产业基础，推动蓝剑饮品、华润雪花啤酒、道泉老坛酸菜、朝天香食品等龙头企业发展，大力发展植物蛋白饮料、矿泉水和啤酒、休闲小食品、川味调料等产业。加快技术改造力度，深入调整产品结构，提升产业产品层次，突出企业文化和品牌建设，提高产业市场竞争力。强化食品饮料原料基地建设，提高龙头企业本地生产配套率，大力发展精深加工、物流仓储、科技研发服务等配套产业，培育产业新业态，促进产业向规模化、集群化、效益化发展。到2025年，食品饮料总产值达到160亿元。

三是加快发展现代医药。以市场需求和技术热点为导向，依托美大康药业、同人泰药业、玉鑫药业等企业，积极发展化学药、中药制剂、保健品、医疗器械等产业，打造医药保健产业集群。以川芎、车前子、黄连等中药材为重点，加大具有独立知识产权的中药生产新技术、新工艺和新产品研发，建设现代中药、原料药和中药提取物生产基地。延伸配套产业链，积极引导药用辅料、药用包装材料、医药仓储物流、制药设备、技术中介等公司配套落户。到2025年，现代医药产业总产值达到50亿元。

（三）积极培育三大重点产业

一是积极培育新型建材产业。依托嘉寓门窗、泰山石膏和鑫桂湖防水等企业基础优势，推动建材产业向智能化、节能化、环保化、多功能化发展，重点发展装配式建筑材料、新型建筑节能环保配套产品、保温防火装饰材料等产业。推进新型装配式建材产业发展，重点支持东虹绿材、霖发科技等企业，加强新型技术的研发及应用。引入"互联网+"发展模式，紧密结合市场需求变化，大力发展定制建材、个性建材等新业态模式。加大企业整合力度，组建装配式建筑联盟，提升绿色建材产业区域知名度。到2025年，绿色建材产业总产值达到190亿元以上。

二是积极培育节能环保产业。积极引进节能环保型生产企业，加大淘汰落后产能力度，大力培育低能耗、高效益和清洁环保型产业。强化资源综合循环和高效利用，重点围绕磷石膏、农作物秸秆、木耳菌渣和有机溶剂等，引进资源综合利用型项目，打造节能环保型企业集群。推动宏达集团、川恒生态等磷化工企业改善生产技术，降低磷石膏使用成本。加快华磷科技、屹峰再生资源等企业磷石膏综合利用项目建设，打造节能环保产业新样板。到2025年，节能环保产业总产值达到50亿元。

三是积极培育绿色化工产业。以提档升级和绿色发展为核心，以提高核心竞争力和市场占有率为重点，强化新技术、新产品、新工艺研发应用，推进产业向清洁化、精细化和高附加值方向发展，打造现代化工产业集群。创新发展磷化工产业，加大与国内外上游磷矿企业合作，解决磷矿资源本地化制约问题，确保产业供应链稳定。推动宏达股份、好时吉、金地亚美等企业加快技改进度，实现产品向高端肥料、食品级、电子级、医药级等产业链延伸。到2025年，新型化工产业总产值达到140亿元。

（四）加快发展两大主导型服务业

一是加快发展现代物流业。发挥什邡"公、铁、空"综合交通和成都都市圈市场优势，突出发展工业物流、冷链物流、蔬菜干果物流等物流业态。依托成兰（西）铁路和成都外环铁路建设蓉北临港快运物流园，规划建设区域性物流信息平台、数据中心和智能仓储基地等，打造以高铁快运为特色，集现代物流、仓储集散、贸易服务、电子商务、物流金融、物流信息、流通加工于一体的快运集散枢纽和物流产业集聚区。积极发展第三方物流，深化城乡一体化物流配送，发展共同配送、无接触配送等末端配送新模式。实施"互联网+"物流创新工程，引导企业加大5G、人工智能等技术运用，积极参与国家A级物流企业认定。计划到2025年，将什邡市打造为成渝地区双城经济圈重要快运集散枢纽城市，实现产值100亿元。

二是加快发展什邡旅游康养。坚持"以文促旅、以旅彰文"，深入挖掘提炼以雪茄文化、古蜀文化、李冰文化为核心，马祖文化、非遗文化等为补充的文化元素和符号，大力开发独具本土特色的文创产品、节庆活动和旅游路线，丰富文化和旅游产品。按照"统一规划、统一管理、统一打造、统一收益"的原则，整体打造蓥华山旅游康养板块，推进成都北部赏花长廊——天府花廊、半山国际文博旅游度假区、冰川康养小镇、天宝欢乐水世界、石门山地森林康养度假区、红峡谷—钟鼎寺省级旅游度假区、仁和（穿心店）片区、高景关李冰文化区等重点片区和项目建设，合理布局游客中心、停车场、驿站、观景台等配套设施，形成一批具有影响力、知名度的文化旅游品牌。大力实施"文化+""旅游+"融合发展战略，创造新供给、激活新消费，努力把什邡建设成为彰显康养特色、独具文化魅力的森林康养首选区、心灵之旅目的地、中国雪茄文化名城，努力把什邡市打造成为天府旅游名县和省级全域旅游示范区。

第五节　绵竹县域经济转型发展研究

"十三五"时期，是绵竹决战脱贫攻坚、决胜全面小康取得决定性成就的五年。党的十九大以来，面对错综复杂的国际形势、艰巨繁重的改革发展任务，面对新冠肺炎疫情严重冲击，绵竹全市上下坚定践行习近平新时代中国特色社会主义思想，全面贯彻中央、省委、德阳市委决策部署，推动绵竹转型发展、创新发展、跨越式发展取得重大进展，以实际行动书写了县域经济转型发展的绵竹之路。

本书聚焦绵竹产业发展现状，紧扣绵竹市"十四五"规划和2035年远景目标，详细阐述了绵竹经济转型发展的现状、存在的问题及主要对策和路径选择，希望能为整个德阳地区县域经济的转型发展提供绵竹样板。

一、绵竹市经济发展现状

"5·12"汶川特大地震发生之前,绵竹经济依托三线建设打下的工业基础,名列四川省前列,有"小成都"的称号。地震发生后,绵竹经济遭受了巨大损失,随着相关工厂、企业的外迁,绵竹经济开始了艰难的转型探索。

经过十余年的发展,在中央、四川省、德阳市各级党委政府的政策支持下,绵竹紧抓乡村振兴战略机遇,立足绵竹本土资源,逐步走出了一条转型发展的实践之路。

2020年绵竹市地区生产总值突破350亿元,是2010年的3倍,人均地区生产总值超过1万美元,城乡居民可支配收入分别是2010年的2.4倍、3倍,一般公共预算收入实现22.13亿元,是2010年的3.9倍。另外,绵竹市还获评"2019年度四川省县域经济发展进步县"。

(一) 经济增长速度突飞猛进

2019年,绵竹地区生产总值达到340.1亿元,较2014年的201.2亿元同比增长69.04%。2019年绵竹市地区生产总值同比增速高于德阳平均水平1.5个百分点,与什邡市并列全德阳市第一。从人均地区生产总值增速来看,2019年绵竹人均地区生产总值7.44万元,仅次于旌阳区和什邡市,位列第三,同比增长17%,高于德阳市5.3%的平均水平,如图8-1、图8-2、表8-1、表8-2所示。

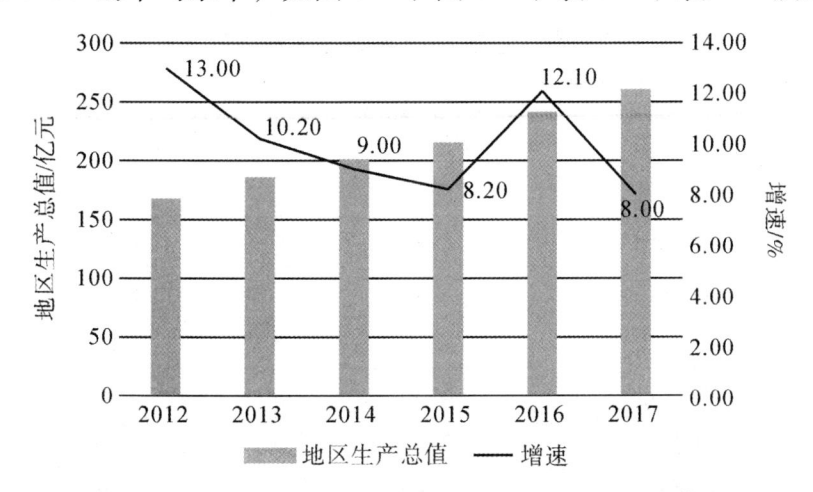

图8-1 2012—2017年绵竹市地区生产总值及其增速

图 8-2 2014—2019 年绵竹市地区生产总值及其增速

表 8-1 德阳全市 2019 年地区生产总值同比增速对比表

排名	区市县	2019 年地区生产总值/亿元	同比增速/%
1	什邡市	358.60	8.7
2	绵竹市	340.08	8.7
3	罗江区	141.80	8.3
4	中江县	379.24	7.9
5	旌阳区	682.23	7.7
6	广汉市	433.97	3.2
德阳市合计		2 335.91	7.2

表 8-2 德阳全市 2019 年地区生产总值排名

排名	区市县	2019 年人均地区生产总值/万元	2019 年人均地区生产总值/万美元
1	旌阳区	8.98	1.30
2	什邡市	8.58	1.24
3	绵竹市	7.44	1.08
4	广汉市	7.38	1.07
5	罗江区	6.36	0.92
6	中江县	3.52	0.51
德阳市合计		6.59	0.96

（二）工业发展质量稳步提升

一是在规模以上企业逐步减少的情况下，工业增加值却不断增加。2018年，绵竹市有规模以上工业企业共141家，实现工业增加值145.9亿元（剔除东汽），工业增加值在德阳市的占比为14.4%。2019年，绵竹市规模以上企业降至131家，实现工业增加值181.6亿元，工业增加值在德阳市的占比为16.7%。可以看到：近几年虽然绵竹市规模以上企业数量在不断减少，但是绵竹市工业增加值占德阳市的比重却在逐渐提升，这充分说明了工业发展质量的提高，如图8-3所示。

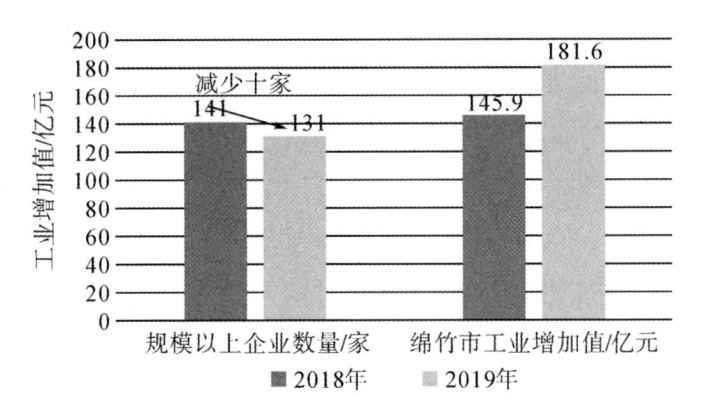

图8-3　2018年与2019年绵竹市规模以上企业数量和工业增加值对比

二是工业经济对经济增长的贡献率有所提高。2007年工业增加值占绵竹市地区生产总值的比重为67.07%，2017年工业增加值占地区生产总值的比重为49.41%，2019年工业增加值占地区生产总值的比重为53.40%，虽未能回到十年前的水平，但是工业对经济增长的贡献也在稳步回升。

相比于2012—2017年的发展情况可以看到，2017年决定进行大规模转型发展探索后，绵竹经济增长速度飞快，经济发展势头迅猛。全市人民的财富累积也蒸蒸日上，在经济发展的过程中牢牢守住了"为人民谋幸福"的初心使命。

（三）第三产业迎来发展良机

一是区域发展战略提供发展第三产业的政策支持。四川省委第十一届委员会第三次会议提出的"一干多支、五区协同"的新战略，将重塑区域经济发展新格局，打破行政区域壁垒，完善区域协调发展的体制和机制，为绵竹经济转型升级和高质量发展带来了新机遇，也为绵竹更加紧密地融入成都经济圈和借助大城市之力发展创造了极为有利的条件。

二是脱贫攻坚向乡村振兴战略平稳过渡，加快了第三产业的发展速度。绵竹虽然有深厚的文化基因可用于发展第三产业，但其长期作为成都能源、资源供应地的历史使其第三产业的发展十分缓慢。乡村振兴战略实施以来，绵竹充分运用了独特的文化魅力，建成了孝德年画村、遵道棚花村、九龙清泉村等一大批特色鲜明、基础设施完善、功能配套和产业稳步发展的示范新村，有效改善了农村人居环境，将经济增长与生态保护相结合，社区发展与社会治理相协调，本地资源激活与外部要素引进相协同，进一步探索资源开发转型区乡村振兴难题的新途径和新措施。

二、绵竹市经济发展存在的问题

（一）传统支柱产业发展后劲不足

绵竹传统支柱产业为磷化工、机械制造、食品饮料。但2017年因生态环境保护要求，大量磷矿被关闭，磷化工产业受到制约；2008年因汶川地震，东方电气搬迁，当地与之配套的一些机械制造企业也随之搬迁，机械制造业受到重创；以剑南春酒厂为龙头的白酒产业，因改制后迟迟没有找到合适的发展道路，发展速度缓慢，三大支柱产业均难以支撑起经济发展需求。

（二）新兴现代产业带动作用有限

绵竹市拥有一批老字号品牌，具有浓郁的地区特色、浓厚的历史文化底蕴、得天独厚的自然条件和十分优越的地理位置，尤其适合发展旅游文化产业。虽然在2008年汶川特大地震发生后，以灾后重建为契机，绵竹就已经在积极探索旅游文化产业发展，初步形成了年画村、九龙沿山旅游等新产业模式。但是总的来看，绵竹市旅游文化产业的发展水平依然不高，发展理念相对滞后，市场引领能力弱，对劳动就业、人民增收和税收缴纳的带动和影响作用比较有限，不足以形成绵竹的一张名片。

（三）环境治理难度较大

绵竹市作为全国四大磷矿基地之一，几十年的持续开采，给绵竹市带来了大量的地质环境恢复与治理问题。仅仅是涉及大熊猫国家公园范围内的采矿权和探矿权，就有 40 处工业矿场、120 个井口、30 余处堆渣场（仓）等需要进行恢复与治理。虽然自 2017 年开始，绵竹就已经在中央、四川省、德阳市的要求下，逐步进行自然保护区内的矿权整顿工作，关停了清平、汉旺等传统的磷矿区赖以生存的采矿业，但恢复治理工作任务仍然繁重。

（四）全域经济发展面临较大压力

一方面，虽然从经济增速上看，绵竹 2019 年的经济发展态势较好，但从具体的数量来看，绵竹 2019 年地区生产总值为 340.08 亿元，在德阳六个县市区中排名第五，仅高于撤县设区的罗江区，经济总量分别仅相当于经济发展水平较高的旌阳区和广汉市的 49.84%、78.36%。虽然与 2017 年的数据相比，这一比例有所提高，但总体来看，与德阳地区发展较好的县市区相比，绵竹市的经济总量仍然偏小，如图 8-4 所示。

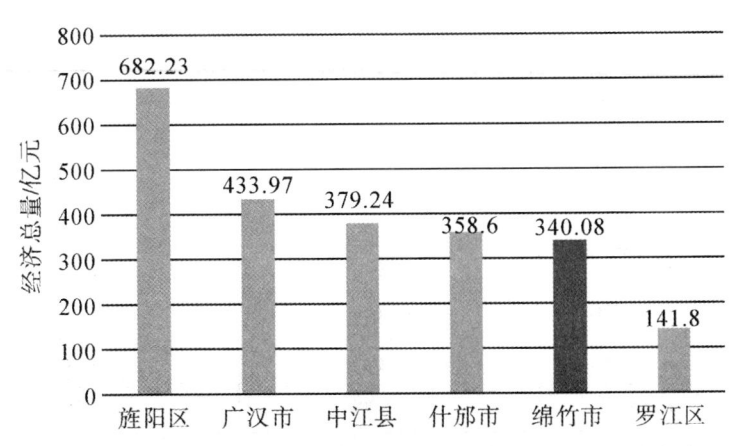

图 8-4 2019 年绵竹与德阳其他县（区、市）经济总量比较

同时，从绵竹市地区生产总值占德阳市的比例来看，该比例2017年为13.3%，2019年为14.56%，但与2007年的21.9%相比，仍然较低，这一变化说明，绵竹市在德阳市的经济地位仍处于劣势，德阳市其他区（市、县）的经济发展速度高于绵竹市，如图8-5所示。

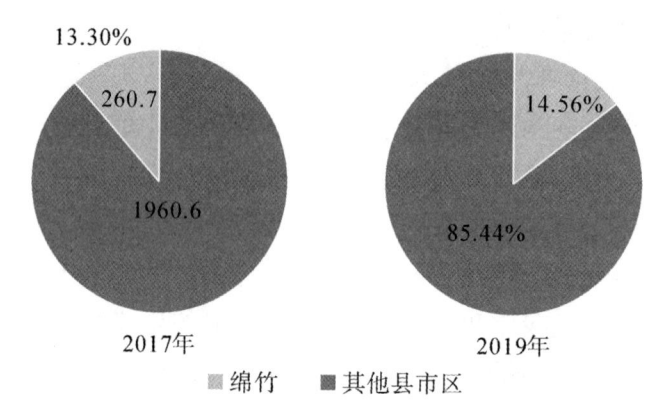

图8-5　2017年与2019年绵竹市地区生产总值占德阳市的比例

另一方面，2019年，绵竹人均地区生产总值为7.44万元，虽在德阳市六个区市县中位列中游，但发展水平仍有待提高。往前看，绵竹人均地区生产总值比第一名旌阳区少1.54万元，比第二名什邡市少1.14万元；往后看，绵竹人均地区生产总值仅比第四名广汉市高0.06万元。绵竹经济发展面临着"前有强敌、后有追兵"的巨大压力，需进一步提高发展水平。德阳全市2019年人均地区生产总值对比表见表8-3。

表8-3　德阳全市2019年人均地区生产总值对比表

排名	区市县	2019年人均地区生产总值/万元	2019年人均地区生产总值/万美元
1	旌阳区	8.98	1.30
2	什邡市	8.58	1.24
3	绵竹市	7.44	1.08
4	广汉市	7.38	1.07
5	罗江区	6.36	0.92
6	中江县	3.52	0.51
德阳市合计		6.59	0.96

三、绵竹市经济转型发展的主要对策及路径选择

根据区域经济社会发展的"区域需求"和绵竹产业的"现实基础",绵竹市以"依托、延伸、超越、整合"为产业转型发展方向。而要真正做到产业的超越和整合,"依托"传统产业和"延伸"产业链条是必须要打好的基础。

(一)促进传统支柱产业创新提能,夯实转型发展产业底盘

绵竹市规模以上工业增加值大部分来自化工、重装、白酒三大支柱产业,在未来很长一段时间内,这三大产业在绵竹市经济发展中的支柱地位不会发生根本性改变。依托既有的传统产业,对其进行深度开发和改造提升,使其进入健康有序、高质量的发展轨道,进而在本地经济发展和产业转型中起到"稳定器"作用,是绵竹近年来对传统产业转型的态度。

绵竹白酒产业的转型,就是这一态度的集中表现。绵竹酿酒历史源远流长,以剑南春为龙头的食品饮料加工业更是绵竹经济发展的"三驾马车"(白酒、磷化工、机械加工)之一。"5·12"汶川特大地震后,大量的原酒损失、大批生产设施遭到严重破坏,绵竹白酒产业一度陷入了低谷。

灾后重建中,尤其是党的十八大以来,绵竹白酒产业充分利用绵竹市打造"高质量产业集聚地"的机遇,为其转型发展探索出了一系列措施:

一是创设专门部门,对口开展工作。为了更好地扶持本地白酒产业发展,提升政府的服务能力,2019年3月,绵竹特别增设绵竹市酒类发展局,意在统筹白酒资源、挖掘白酒文化、塑造白酒品牌,通过各种形式引进人才、留住人才,为绵竹白酒产业的发展注入新生力量,助推绵竹白酒产业提档升级。

二是健全奖扶政策,推动产业发展。2019年,绵竹市委市政府出台了《绵竹市促进民营经济健康发展八条措施(试行)》,重点提出支持绵竹白酒产业发展的措施。设立专门基金引导白酒产业发

展,支持全市白酒企业兼并重组,提供白酒研发和检测的技术支持,并设立相应的奖励制度,对不同的白酒企业进行有针对性的奖励和资金扶持。

三是实施科学规划,助推产业壮大。绵竹市委持续发挥绵竹作为四川白酒四大主产区之一的优势,持续提升白酒产业发展质量和效益,科学制订相关规划:计划到2023年,全市白酒总产值要突破300亿元;推动剑南春集团公司不断发展壮大,充分发挥其龙头带动作用;组建绵竹精酿原酒有限责任公司,整合绵竹原酒产能,形成绵竹原酒品牌,做强绵竹"酒乡"的招牌。

四是实施酒旅融合,丰富销售模式。绵竹持续实施酒旅融合发展战略,在支持白酒企业发展、打造文旅项目的同时,注重发掘宣传绵竹白酒文化,支持企业打造白酒工业旅游线路。打造集白酒生产体验、原料种植、特色酒庄、康养等为一体的白酒小镇,高品质建设以剑南老街为中心的"特色文化旅游街区",以争创AAA级旅游景区,促进白酒产业与第三产业的融合发展。推行了电子商务销售模式,加强网购网销渠道建设扶持力度。积极组织企业参与川酒全国行、川酒推介会等活动,帮助企业拓展市场,增加销量。

在这一转型发展的探索下,绵竹白酒产业目前已经取得了巨大的经济效益和社会效益。2020年,绵竹规模以上白酒企业实现工业总产值199.66亿元,同比增长4.3%;营业收入160.02亿元,同比增长9.6%;利润总额30.34亿元,同比增长20.6%;利税总额58.44亿元,同比增长9.4%。这一转型探索的成功,不仅让白酒产业逐步回春,也为绵竹其他两大支柱产业的转型提供了经验,促进其全面转型升级。

(二)加强培育特色优势产业,做优转型发展牵引龙头

"延伸"就是从资源上游向下游延伸,从初级产品向中间产品延伸,从中间产品向高终端产品延伸,从中间制造向两端研发和服务延伸。近年来,绵竹以"高颜值旅游目的地"作为转型方向,以乡村振兴战略为契机,充分利用绵竹丰富的自然资源、人文资源、

工业资源等，打造特色旅游点，大力培育"农文旅一体化"新业态，实现特色优势产业深度融合发展，形成了以麓棠镇为核心的"玫瑰"品牌，以九龙镇为核心的"山地运动"品牌，以年画村为核心的"历史文化"品牌和以清平镇为核心的"宜居康养"品牌。

其中，原本的资源型镇乡——清平镇打造"童话小镇"的转型发展过程，充分体现了绵竹在融合旅游产业、现代服务业和现代农业上的探索和经验。

一是用"新思想"引领"大转型"，在认识上实现"矿区变景区"。"脱下矿工服，端起旅游饭"这一现象在今天的清平已随处可见，但在最初，关停矿山带来的冲击让百姓一时难以接受，许多百姓不理解政府的这一举措，也不愿意尝试发展旅游产业。清平镇党委政府对这一情况做好了充分的心理准备，并采取了"三步走"的策略：在思想教育上不断加强对"绿水青山就是金山银山"理念的宣传；在资金扶持上抓好关键少数，通过"1+5+4"的基层党组织摸排有意愿率先转型的群众，对其进行有针对性的资金倾斜，逐步打消群众疑虑，调动他们转型发展的积极性；在技能培训上做到全覆盖，对全镇百姓进行旅游产业相关技能培训。清平镇通过这一策略逐步让"两山"理论在实践上深入人心、扎根民心，成为清平发展最坚实的基础。

二是用"微改革"撬动"大服务"，在治理上实现"家园变花园"。转型发展的持续性推进不仅依赖早期的各种宣传、资金和培训，而且考验清平镇基层党组织在探索过程中的治理能力。清平镇党委政府在探索的过程中坚持开门访民意、全力筑底线和创新强法治，全方位夯实清平镇转型发展过程中的社会根基，让清平镇的转型发展进得来资本、留得住人才。

三是用"新产业"带来"大变化"，在发展上实现"颜值变产值"。目前，整个清平镇正在积极地、不断地引进平台公司，对辖区内的旅游资源进一步地挖掘和规划：通过镇企注资、村组入股，推动集中连片开发，盘活集体闲散资源；以小火车路线为基础，将现有文旅资源进行串联，形成清平旅游的精品线路，以此进一步增强清平的旅游魅力；以第三产业的探索带动对当地第一产业的进一步深挖，精细开发以猕猴桃、银杏果、高山茶为核心的特色种植业，培育发展了当地"野药蜜""跑步鸡""知猪侠"等特色农产品。

（三）加快城市名片和基础设施建设，丰盈转型发展动力源泉

目前，绵竹正积极做好传统产业的提档升级、拓宽新兴产业的辐射范围，从以下两个方面为全市文化、经济、社会的转型发展提供不竭动力。

一是用好"小成都"的城市名片，打造成渝明珠，提升绵竹的"名气"。绵竹自古就被誉为"小成都"，有功能完善的城市、生态良好的村庄，一直以来绵竹都致力于对外塑造"酒乡画城、山水绵竹"的慢生活、厚文化形象。目前，绵竹正全方位深度融入成渝地区双城经济圈，加快成德同城化发展，不断提升产业发展能级、综合发展实力，继续为历史悠久的"小成都"名片源源不断地注入新活力，提升群众幸福指数，继续用好"小成都"的城市名片。

二是抓好交通关键，打造川西门户，提升绵竹"人气"。要做好新时期转型发展的全面部署，首先要解决的就是交通问题。目前，绵竹正加快促进绵茂公路、成兰铁路、成都三绕连接线、成都外环铁路绵竹正线、德阳绕城高速连接线、茂遂高速的建成，将战略位势化劣为优、使交通区位后发先至，让绵竹成为德阳连接阿坝，乃至成都平原连接大西北的重要门户枢纽。与此同时，绵竹也积极响应大熊猫国家公园的建设，以大熊猫国家公园的建设为契机，积极融入四川西北旅游环线，全面享受"三九大"（三星堆、九寨沟、大熊猫）的溢出效应。以"搭建路桥"为主线改变绵竹的区位劣势，让绵竹成为名副其实的川西明珠，全面提升绵竹的"迎客""留人"能力。

在转型发展的道路上，绵竹已经迈出了坚实的第一步，2020年绵竹获评中国西部百强县市和中国县域旅游发展潜力百强县市，其作为川西明珠的实力再一次显现。凡是过往，皆为序章。在新的历

史时期，绵竹党委政府和全体人民正在以更坚定的信心、更振奋的精神、更饱满的斗志、更务实的作风，凝心聚力、通力合作、苦干实干，为绵竹加快建设"高质量产业集聚地、高颜值旅游目的地、高品质生活宜居地"，早日重回全省县域经济强县的行列，尽快再现"山程水路货争呼，坐贾行商日夜图"的繁荣景象而不懈奋斗！

第六节　中江县现代农业高质量发展研究

2020年12月习近平在中央农村工作会议上强调，要加快发展乡村产业，顺应产业发展规律，立足当地特色资源，推动乡村产业发展壮大，优化产业布局，完善利益联结机制，让农民更多地分享产业增值收益。2020年7月德阳市委八届十二次全会《关于贯彻落实成渝地区双城经济圈建设战略深入推进成德同城化推动德阳高质量发展的决定》中指出：推进现代高效特色农业发展。围绕打造成都都市圈重要的"菜篮子""米袋子"，深化农业供给侧结构性改革，推进农业区域化布局、专业化生产、产业化经营，稳定粮食产能，增加绿色、生态、安全、优质农产品供给，加快发展都市农业、特色农业、观光农业，打造一批品牌化、特色化农优产品。中江县作为德阳面积最大、人口最多的农业大县，如何探索出自己的现代高效特色农业发展路子，形成可持续发展的农业生产机制，破解农业效益低、农民持续增收后劲不足的难题，全面提升农业质量效益和竞争力，构建一、二、三产融合的现代农业产业经营体系，形成具有中江特色的现代农业高质量发展模式，是中江县需要思考的。

一、中江县现代农业经济发展现状

近年来，中江县深入贯彻习近平总书记关于"三农"工作和乡村振兴战略的重要论述，全面落实中央和省、市部署要求，紧紧抓住粮食生产不放松，全县粮食播种面积持续稳定增加，总产不断创新高。中江县曾先后10次获得全国粮食生产先进县（标兵）、6次获得四川省粮食生产丰收杯奖，农业经济发展成效相对显著。这是近年来中江县本着"农业固县"的总体取向，发展现代农业产业，促进中江农业农村经济保持又好又快发展的探索结果。

（一）产业结构调整快速，现代农业产业提质发展

1. 实施粮油绿色高产工程

通过推广优良品种、机械耕播收、增施有机肥、化肥减量增效、病虫绿色防控等高质高效生产集成技术，实施粮油绿色高产工程。2021年，中江县的粮食作物年播种面积达215.4万亩，总产量81.254万吨，油料作物年播种面积为80.81万亩，总产11.6万吨；已建成小麦、油菜等粮油高质高效创建示范片8个，示范面积4.6万亩，辐射面积17.9万亩。一是主要农作物良种覆盖率达到96.1%，其中小麦良种覆盖率达到85.9%，油菜良种覆盖率达到100%，水稻良种覆盖率达到98.75%，玉米良种覆盖率达到99.85%。二是推广轻简高效适用技术。推广旱育秧、水稻和油菜直播等节水轻简技术60万亩次，推广旱地新型两熟制45万亩，促进农机农艺深度融合，主要农作物耕种收综合机械化水平达到64.28%，推广秸秆还田与秸秆综合利用技术，减少秸秆焚烧量，秸秆综合利用率达到94%以上。三是采取化肥、农药使用量零增长行动，大力推广测土配方施肥和绿色防控技术，肥料农药减量增效取得实效。以水稻、玉米、小麦和油菜等粮油作物为重点推广测土配方施肥技术，肥料施用量降低4.03%，完成土壤养分分级指标体系和测土配方施肥分区，建立县域耕地信息管理系统和测土配方施肥专家系统；狠抓小麦药剂拌种，提高病虫害防控能力，全县病虫害专业化统防统治覆盖率达43.01%，大力推广生物药剂防治、性诱剂和黄板诱杀等绿色防控技术，全县绿色防控覆盖率达31%；利用水稻、小麦、玉米高质高效创建及特色经济作物基地建设，培植10个农民植保专业合作社，推进农作物病虫害专业化防治，同时，建立

IPM 绿色防控示范园区 5 个，新引进"六有"规范化专业防治组织 1 个，实现并达到病虫害预报准确率提高 3 个百分点、重大病虫害处置率达 95% 以上、防治效果达 90%、损失率控制在 3% 以下的防控目标。

2. 积极发展特色高效农业

大力发展"一村一品"特色产业，积极建设产业基地、农业园区，规模化、产业化发展现代农业。现已建设各类农业园区共 65 个，中江丹参、中江白芍、中江薯、中江柚、中江葡萄等一批特色农业产品不断涌现，农业产业效益不断提升。现在已建成粮经复合高产高效示范片 17.5 万亩，蔬菜基地 20 万亩，无公害食用菌 2.1 亿袋、10.8 万亩，水（干）果基地 19.5 万亩，蔬菜和食用菌产量稳定在 47.5 万吨以上，水果产量稳定在 6 万吨以上，中药材基地 12 万亩、蚕桑基地 5.5 万亩。"中江柚"获国家农产品地理标志认定，核心基地规模达 1.1 万亩。

3. 加快农产品品牌培育

充分发挥中江县四川农产品质量安全监管示范县、无公害农产品产地整体认定县和国家有机产品认证示范县的优势，打造无公害、有机、绿色农产品生产基地，培育一批新的特色农产品。按照"高产、高效、生态、优质、安全"的要求，中江县制定和完善了农业行业标准和技术规程标准化共 58 项（种植业 42 项，养殖业 16 项），取得农产品注册商标 32 个；实现有机认证面积 1.7 万亩，有机认证、转换认证企业 15 家，有机认证产品 12 个，有机转换认证产品 24 个，无公害农产品 44 个，绿色食品认证 2 个，原产地证明商标 3 个，用好用活地理标志、商标，打响中江绿色农产品品牌，使"中江丹参""中江白芍""中江挂面"享誉全国。

（二）产业融合推进快速，提升现代农业产业化水平

1. 扶持培育农产品精深加工企业，推进一、二产业融合发展

主动融入成德眉资都市现代高效特色农业示范区建设，积极推进与成都共创共建蔬菜产业集群，突出抓好优质粮油、道地中药材

等特色农产品精深加工,壮大逢春、年丰、雄健、同心、神龙等农产品加工龙头企业,按照"一园一品"思路打造中江县农产品生产加工园。发挥"三品一标"品牌效应,提升中江挂面、中江丹参、中江白芍、中江柚等地标农产品美誉度和市场占有率,快速推进产业融合,延伸现代农业产业链,实现现代农业产业有效转型升级。

2. 着力发展农村新产业新业态,推进一、三产业融合发展

加快发展都市农业、观光农业,提档升级"中江芍药谷""荷韵·南山"等农业主题公园,推进继光湖、石林谷等旅游景区建设,举办乡村文化旅游节等各类节会活动,打造成都都市圈乡村旅游优选地。一是大力发展休闲农业和乡村旅游业,以举办生态旅游节、采摘节等休闲旅游节庆活动带动农村经济发展。二是大力发展农村电商。实施"互联网+农业"着力构建农产品营销服务体系,发展现代物流、电子商务,不断拓展农产品销售渠道,建成农村电商服务站近500个,汇集200余个农产品进入网店销售。通过"产业融合,共同发展",大大提升了农业综合效益。

3. 大力发展新型农业经营组织,提高农民组织化程度

加强新型农业经营主体培育,加快形成以农户家庭经营为基础、合作与联合为纽带、社会化服务为支撑的立体式复合型现代农业经营体系。中江县现有种养大户3 117户、家庭农场43家、农专社808个,入社入会农户11.21万户,农专社带动农户23.28万户。

(三)建设现代农业产业园区,大力发展现代农业产业

立足中江现有的农业产业基础,支持引导农民科学种植、规范种植,形成一批规模较大、设施完善、特色明显的现代农业产业园区,促进现代农业产业高质量发展。中江县现有20万亩凯北粮油生猪循环现代农业园区、10万亩中药材现代农业园区、10万亩蚕桑现代农业园区、10万亩蔬菜现代农业园区、5万亩中江柚现代农业园区;培育现代农业园区省级1个、市级2个、县级60个,培育市级及以上农业产业化龙头企业7个,新增省级农民专合社示范社2个、市级3个,省级家庭农场21个、市级34个。

二、中江县现代农业经济高质量发展存在的制约因素

中江县在发展现代农业过程中遇到了许多制约因素。

(一) 农业基础设施滞后

一是农田水利设施老化严重，农林水、路、电等农业基础设施不配套，不能有效抵御干旱、洪涝等自然灾害，有13座新增小型病险水库需加固，近6 000座山坪塘、1 000余节石河堰、500余千米干支渠、2 000余千米支斗农渠等需要整治。二是高标准农田偏少，大部分耕地小而散，不利于农业机械化推广，农业生产成本高。三是全县公路等级偏低，四级公路和等外公路里程占比分别高达75.55%、12.22%，还有连接10户以上院落的村社道路2 332千米没有硬化，车辆通行能力差，农产品运输难。四是网络通信覆盖强度不足，存在电话断线、网络不畅等现象。

(二) 农业规模化程度低

农业大而不强，农产品多而不优，90%的农副产品仍以低级原料和初级产品的形式销售。除粮油以外，10万亩以上的特色经济作物只有中药材和干果（核桃）两种，经济效益不明显。蚕桑作为中江传统优势产业，20世纪90年代，全县有桑园8.5万亩，产茧750万千克，产茧量多年位居全省第一；现在全县桑园基地的面积为5.5万亩，产茧仅30万千克，产量仅为20世纪90年代最高峰的1/25。

(三) 农民合作化程度不高

一是全县农民专业合作社入社农户数仅仅占总农户数的28%左右，所以合作社规模小、实力弱，导致市场竞争力差。二是大部分土地使用呈现"小、散、乱"的格局，生产经营和市场竞争能力弱。

(四) 产业融合发展不够

一、二、三产业融合发展尚处于初级阶段，90%的农副产品仍以低级原料和初级产品的形式销售，龙头企业在中江县的数量还较少，尚未形成大规模，对农产品加工还处于低层次，没有形成较长

的产业链条，产品科技含量低，造成产品附加值不高，产品的市场竞争力与其他地区的相比较弱。

（五）农业投入严重不足

与周边县市区相比较，中江农业方面的人才、资金、技术、信息等的投入仍然严重不足，尤其是在社会化服务体系构建方面，不够健全。这些都影响了农业整体素质和效益的提高。

（六）农游整合力度不强

农游产品"低小散"突出。一是缺规划。从全县看，现阶段还没有成熟的农业产业规划和全域旅游规划；从各乡镇来看，缺乏科学的论证和合理的规划布局，有些乡镇没有认真分析本地的资源优势和客源市场，没有突出自己的特色，市场定位不明，设计雷同，布局不尽合理，功能不配套，简单低效，粗放经营。二是缺龙头。绝大多数乡镇都在规划农旅融合项目，但受基础条件限制，招商引资困难，普遍缺乏龙头企业，仅靠政府投资和村集体推进，这导致投入少、规模小，经营水平低，管理不够规范，服务质量参差不齐，持续发展能力不足。三是档次低。一些地方文化挖掘不深入，主题不鲜明，松散性、随意性特征明显，乡村酒店（农家乐）、厕所、道路、停车场、指示标牌等配套设施滞后，吃、住、玩、游、购、娱等旅游要素欠缺，乡村旅游还停留在赏赏花、摘摘果（菜）、钓钓鱼、吃吃饭、打打牌等低端层面，吸引力、竞争力弱。

（七）农业融资问题突出

一是融资难。农业经营主体因为规模小、积累少、固定资产少、抵押物少，生产周期长、自然风险因素大，信用等级低，所以向银行融资相当困难。二是融资贵。许多农业产业经营组织难以向银行融资，从民间借贷组织融资又成本偏高，这造成中江县许多农业经营主体难以承载，因而才频繁出现因资金断链中断经营的现象。

（八）农业劳动力素质不高

一是中江是劳务输出大县，这导致农村人口"空巢化"，全县劳动力流向县外约 49.8 万，超过 78.98 万总劳动力的 2/3，超过 136.7 万总人口的 1/3，剩下的留守老人很难掌握和运用现代农业科学技术，农业劳动力素质十分低下，阻碍了现代农业产业的发展。二是农村实用技术人才缺乏，外出务工人员技能单一，"返乡创业"难，致富带头人缺乏。

三、中江县现代农业经济高质量发展的对策与建议

针对制约中江县现代农业产业发展的因素和发展实际，落实乡村振兴战略部署，抓住成渝地区双城经济圈建设、成德眉资同城化发展、建成德阳"市域副中心"等重大战略机遇，重点发展特色现代农业，促进中江现代农业高质量发展。

（一）做优做强农业主导产业，建设县域现代农业优势产业片（带）

实施乡村振兴战略，坚持农业农村优先发展总要求，按照突出"产业兴旺、生活富裕"，确保国家粮食安全，把中国人的饭碗牢牢端在自己手中的要求，中江充分发挥其全国粮食生产先进县的优势，以"2+2"产业结构为基础（优质粮油和畜牧两个农业基础产业+道地中药材和优质蚕桑两个农业特色产业），规划建设"3341"产业体系（三个现代农业优势主导产业带+三个现代畜牧产业优势集聚区+四个园区+一个农业综合体）。明确农业目标定位和功能分区，加快农业产业结构调整步伐。大力发展优质粮油、道地中药材、现代畜牧业、蚕桑、蔬菜、食用菌、林果、特色水产等产业，构建"南特色、西生态、中北高效农业产业带"的空间布局，促进现代农业高质量发展。

1. 建设优质蚕桑、粮油产品和中药材生产基地

围绕现有农业资源和产业基础，规划建设优质粮油基地、中药材基地、优质蚕桑基地。一是规划发展优质蚕桑产业带。规划处于深丘窄谷地区，坡地较多，水源缺乏，适宜旱作的通济、回龙、悦来等东部和南部连片的 16 个乡镇东部和南部片区建成优质蚕桑产业带。二是规划发展优质粮油产业带。规划浅丘宽谷地势较为平坦水

源较为充足的罗桂公路黄鹿至龙台段、唐巴公路兴隆—通济段沿线及周边连片的中部和北部片区8个乡镇建成优质粮油产业带。三是规划发展道地中药材核心产业带。规划西部龙泉山区永太至辑庆连片的6个乡镇，建设中江丹参、中江白芍标准化生产道地中药材核心产业带。

2. 建设畜牧产业优势集聚区

根据现有基础、特色、优势和具备的条件，合理规划畜牧产业优势集聚区。一是建设东部和南部片区现代生猪产业优势集聚区。二是建设中部和北部片区优质肉牛、肉羊和水产养殖优势集聚区。三是建设中东部和北部片区现代家禽产业优势集聚区。

3. 规划建设"四园一体"的现代农业园区

根据党的十九大"发展多种形式适度规模经营"实施乡村振兴战略的要求，按照"2+2"产业结构布局，重点规划建设"四园一体"，通过"四园一体"大园区、大示范，带动中江县建设各类农业园区。一是北片以黄鹿、永太、东北为中心，重点发展粮经复合高产高效产业，建设中江县永太省级现代农业产业融合示范园区。二是西片以集凤、辑庆为中心，重点发展中江丹参、中江白芍道地中药材产业和中药养生产业，建设中国芍药生态养生产业园区。三是以凯州新城工业园为依托，将现有农产品加工企业逐步移迁至凯州新城工业园区并引进农产品加工龙头企业，大力发展农产品加工，建设中江县农产品加工产业园区。四是南片以仓山、普兴、太安为中心，重点发展以中药材、蚕桑为主的休闲农业和乡村旅游产业，建设中江县仓山农旅融合产业园区。五是中片以继光水库为中心，重点发展休闲渔业，建设中江县继光水库现代休闲农业综合体。

(二) 加快推进农村产业融合发展，拓宽"三农"发展渠道

按照党的十九大"构建现代农业产业体系、生产体系、经营体系，培育新型农业经营主体，健全农业社会化服务体系，实现小农户和现代农业发展有机衔接"的要求，加快推进中江县农村产业融

合发展，拓宽"三农"发展渠道。

1. 做精做强农产品加工业

引导企业加强技术创新，增加科技含量，打造精品，争创品牌，提高产品市场竞争力。一是在粮油加工方面，大力扶持颜氏粮油、雄健实业、年丰食品、万凤粮油等粮油食品加工企业开展精深加工。二是在中药材深加工方面，大力扶持逢春制药、三九药业、天然生药业、同心药业等中药材加工企业开展精深加工。三是在蔬菜产业方面，大力扶持食萃食品、江中源等企业发展蔬菜产品精深加工。四是在蚕桑产业方面，积极扶持新世纪丝绸公司发展有机蚕桑产业。同时，加大招商引资力度力争引进培育一批新的农产品加工龙头企业来中江落户。

2. 积极持续推进农旅融合发展

（1）积极推进全域旅游。按照"一核三线多片，星罗棋布微田园"布局，着力打造全域美丽中江、田园诗意生活。一核：依托绕城的凯江、东江、西江，对凯江三千亩湿地资源实施水环境整治，对县城二环路内22座小山丘实施建塔等景观改造，打造三江六岸，水都塔城。三线：依托G350线、G245线、中金快通沿线各旅游资源点打造精品旅游线路。多片：龙泉山生态旅游区（西片）、红色文化及田园旅游区（中北片）、古蜀文化旅游区（南片）。星罗棋布微田园：每年打造20个微村落，五年内形成中江全业、全时的全域旅游大格局。

（2）重点打造五条农旅融合带。按照"有吃、有看、有玩、有住、有产品"的五有标准完善旅游要素，着力打造五条农旅融合带，选择一批成熟点位，按照国家级景区标准进行打造，以点带面、带动发展。积极推进集凤芍药谷、太安红泉桃花谷、荷韵·南山创建AAA级景区，打造精品旅游线路五条。

（3）创新推动农旅融合发展。一是注重三个融合。将农旅融合发展与美丽乡村精品村创建、传统文化村落保护开发等相融合，以农旅融合发展促进美丽乡村建设深入推进、促进古村落保护开发。

将农旅融合发展与现代农业园区建设、森林公园创建等相融合。农旅融合发展项目布局规划要与农业功能区、现代农业园区、森林公园等规划建设相协调，充分依托现代农业种养殖项目，充分利用农业资源，在农业功能区、现代农业园区、森林公园建设中植入休闲养生、休闲观光、休闲采摘、农业科普、农耕体验等元素，开发田园农业游、园林观光游、农业科技游、务农体验游等不同主题旅游，利用森林公园、湿地公园开发回归自然游，使其各具特色又有吸引力。将农旅融合发展与传统农产品加工业发展相融合，深度挖掘手工挂面制作等传统技艺的文化内涵，建设博物馆、体验园，开发具有中江特色的农业农村旅游产品。二是推动"农业+文创"。依托特色农业产业、农业文化遗产、经典红色文化、传统村落等资源，高度重视和推进文化创意，将文化创意植入农业生产、新村建设、产品加工、旅游营销全过程，建设以农耕文化、特色农产品为主题的农耕文化馆，打造集农业文化创意、生态饮食体验、潮流主体餐饮、特色食材交易和观光旅游于一体的"农业+文化创意"综合产业体。推动农产品+文化创意，将特色农产品转化为特色旅游产品。三是加强品牌创建。在农旅融合大项目的建设中，确立差异化形象定位，塑造较大区域范围内"第一"与"唯一"的特色品牌。重视区域旅游形象策划、产品策划，围绕核心旅游产品，创建区域农村农业旅游品牌。以"五条农旅融合带"为主线，沿线挖掘点位优势，至少培育一项独特卖点，树立口碑、聚集人气，逐点构建旅游六要素，不求大而全，只求少而精。重点打造继光故居、中国挂面村、中国芍药谷、继光湖、四川盆底等人气景区（点），培育红色游、研学游、康养游、运动游、低空游等旅游业态。

（三）加快培育新型农业经营主体，构建现代农业生产经营体系

按照党的十九大"培育新型农业经营主体，健全农业社会化服务体系，实现小农户和现代农业发展有机衔接"的实施乡村振兴战略要求，创新农业经营方式，建立起以新型农业经营主体为主，构成以产前、产中、产后紧密衔接为纽带，产加销一条龙、农工贸一

体化的农业产业化经营体系。一是大力培育农民专合组织、种养大户、家庭农场、农业龙头企业等新型农业经营主体（组织）。二是创新运作模式，通过开展定向投入、定向服务、定向收购等方式即"公司+农户"的运作模式，探索新型经营主体、村集体经济、小农户的合作和衔接，扩大产业发展参与群体，壮大产业发展力量。以"龙头企业+养殖大户+农户"分段饲养模式，采取订单生产、返租倒包等方式发展"公司+合作社""公司+合作社+农户"等经营模式，引导龙头企业和其他各类经营主体建立产业化联合体，细化联合体内部产业链分工。引导成立产业行业协会，提高大家的合作共赢、抱团发展意识，发挥行业协会组织优势，加强与上级部门、协会的对接和资源争取；加强市场对接，建立生产标准，提高产品质量，不断增强市场话语权。三是完善利益联结机制，制定中江县农村土地"三权分置"实施意见，推进农村土地"三权分置"。认真落实第二轮土地承包到期后再延长30年的政策，放活农村土地经营权，发展多种形式的适度规模经营。探索宅基地所有权、资格权、使用权"三权分置"，落实宅基地集体所有权、保障农户资格权和农民房屋财产权，适度放活宅基地和农民房屋使用权。引导农民以土地承包经营权、资金、技术、劳动力等生产要素入股，与新型农业经营主体开展多种形式的联合与合作，结成利益共享、风险共担的共同体。

（四）加大农业产业金融支持，夯实现代农业发展基础

根据十九大"完善农业支持保护制度"的实施乡村振兴战略要求，要加大对中江农业产业金融支持，夯实现代农业发展基础。

1. 构建农业融资体系

建立农业风险防范基金，充分发挥中江县凯益农业融资担保有限公司的作用，创新完善农业融资担保和贷款贴息政策，引导农行、农发行、农村信用社、中江融兴村镇银行等金融机构探索开展土地承包权、土地经营权、林权、农业设施、农房、大型农机、畜禽资产、地上农作物以及土地预期收益等担保抵押贷款，创新金融

产品和服务，切实解决农业融资难、融资贵问题。

2. 夯实农业发展基础

采取对上争取、对外引进、对下组织发动群众等措施积极筹措项目和资金，夯实中江县农业发展基础。一是大力推进石泉水库建设，实施都江堰大型灌区续建配套与节水改造，加快推进全县农田水利设施、农村道路、田间机耕道、高标准农田以及农产品保鲜、贮藏、流通等方面的农业基础设施建设，大力改善农业生产和经营的条件，为现代农业生产打造新"高地"。二是加快推进农业机械化进程，大力提高农业劳动生产效率。三是在生产、经营、管理、服务等方面，推进"宽带乡村""光网四川""无线四川"建设和"数据上云"工程，实现中江县乡村通信网络全覆盖，加快推进农业信息化进程。四是解决农村电压不稳的问题。

（五）提高农产品供给质量，推进农业经济持续发展

党的十九大报告指出：中国特色社会主义进入新时代，新时代我国社会的主要矛盾，已经转化为人民日益增长的美好生活需要和不平衡不充分的发展之间的矛盾，所以我们必须提高农产品供给质量，推进农业经济持续发展。依托"中江丹参""中江白芍""中江挂面"3个国家地理标志保护产品，打造无公害、有机、绿色农产品生产基地，打响中江面、中江药、中江柚、中江蚕桑、中江薯等特色品牌，培育一批新的特色农产品，充分发挥全县通过无公害农产品产地整体认定优势。

（1）加快名特优新品种的引进、试验、示范和推广，生产名特优新农产品。

（2）强化科技支撑。加快节本、增效等先进农业技术和管理模式的推广和普及，努力降低农产品的生产成本。

（3）狠抓品牌培育，努力拓展市场。一是积极打造无公害、有机、绿色农产品生产基地，发展生态、循环、绿色、有机农业，积极推进"三品一标"认证示范，全力创建国家有机产品认证示范县。二是积极推进农产品质量安全监管可追溯体系建设。三是积极

培育名牌产品。用好用活地理标志，做好中江特色农产品包装、营销，打响中江药、中江面、中江柚、中江薯等特色品牌，组织县内农产品参加各类展会，提高中江农产品知名度，培育一批新的特色农产品，打响"3+N"品牌，重塑"中江烧酒中江面，一路招牌到北京"的辉煌。

（六）加强"三农"工作队伍建设，加快农业科技的创新和推广

根据十九大的要求和中江发展特色现代农业产业需要，加速培养中江发展特色现代农业产业所需的多样化人才，加快农业科技的创新和推广。一是引进和培养发展特色现代农业产业所需的创新型高端人才。积极引进或依托四川省和全国农科院校培养的人才，欢迎他们带项目、带资金服务中江县"三农"。二是培养发展特色现代农业产业所需的农村科技人才。依托本县的中江中等职业技术学校等加强农业职业技术教育，着力培养一批农村产业大户、农村科技能人、农业技术骨干、农民经纪人、农民专业合作组织带头人、产业化龙头企业经营能人等，使之构成知识结构合理、能力强、素质高的农村实用技术人才。三是培养发展特色现代农业产业所需的新型农民。充分发挥现代远程教育网络、村"党员活动中心"、科技培训、科技下乡等科普宣传、农业推广教育、农村成人教育、农民夜校等主阵地、主渠道作用，积极探索互动式培训、菜单式培训，举办多样化的农村培训班，培养一批有技术、懂政策、善经营的新型农民，使之成为中江县发展特色现代农业产业的中坚力量。

第九章 优化营商环境 助力高质量发展

营商环境是一个地区政治生态、社会生态的综合反映,也是一个地区软实力的重要体现,反映了一个城市吸收资本、集聚要素的能力,决定着一座城市发展的潜力和未来。习近平总书记强调,要营造稳定公平透明、可预期的营商环境。李克强总理指出,深化"放管服"改革、优化营商环境,是激发市场主体活力和发展动力的关键之举。随着经济增长方式和产业转型升级的变化,过去通过拼资源、拼政策来吸引投资,今后则更需通过拼服务、拼信用、拼环境来营造持久的吸引力。当前,在经济下行压力加大、区域竞争加强的形势下,以优化营商环境的确定性对冲经济发展潜在的不确定性,无疑将是提振市场主体信心、提升区域投资吸引力、加快经济高质量发展的有力保障。

第一节 德阳市营商环境的基本情况

2018年国家选取了22个城市开展营商环境评价试点,2019年评价范围扩大至直辖市、部分省会城市和地级市,2020年在全国地级及以上城市全面开展营商环境评价,并定期发布《中国营商环境报告》。2020年,德阳市在四川省营商环境评价中居第三,位于全省第一梯队,且18个一级指标全部进入全省前四名。与2019年相比,德阳市营商环境"短板"指标进步突出,省评成绩斐然。从得分上看,2019年德阳市总体得分73.52分,分别比第一名成都

(86.7分)低13.18分、比第二名绵阳（76.83分）低3.31分，比第四名乐山（73.02分）仅高0.5分，与8个70分档次城市中的最末位城市差距不到3.5分；2020年德阳市总体得分81.27分，较2019年有了跨挡提升，与第一名成都（88.9分）差距缩小至7.63分，比第二名绵阳（81.42分）仅低0.15分，比第四名遂宁（77.5分）高3.77分。从指标上看，2019年德阳市有近半数指标处于全省中游或相对落后水平，其中，纳税与办理建筑许可两项指标更是接近垫底，分别居于第16和第19位；2020年德阳市18项营商环境评价指标全部进入四川省前四名，其中，8项指标位列全省第二，6项指标位列全省第三，4项指标位列全省第四。从组织上看，2019年德阳市营商环境牵头工作力量配置薄弱，未形成专门机构，仅有市发改委审批科的3名兼职人员负责牵头；2020年德阳市成立了以市委书记、市长为"双组长"的德阳市优化营商环境工作领导小组，领导小组下设18个指标工作专班和2个保障专班（综合协调、督导推进），形成了营商环境专门领导机构和实体化运作部门。从评价上看，营商环境改善集中表现为环节减少、流程简化、时间减少和费用降低四个方面，德阳市在2020年取得了长足进展，企业体验好评度明显提升。另外，从县级层面，德阳市各县（市、区）在2020年的营商环境得分从高到低为：广汉、罗江、旌阳、什邡、绵竹、中江。

一、政务环境

（一）政务集成度实现五个"一"

①"一站服务"。建成工程项目、惠企政策、党务事项、跨城通办、公章刻制、数字认证、征信查询、金融咨询等服务专区、专窗，清单内申请政务服务事项100%进驻政务大厅，水、电、气、讯等公共服务同步实现100%"应进必进"，一体化平台延伸乡（镇）100%覆盖，乡镇（街道）便民服务中心、村（社区）代办点100%覆盖，基础条件较好的乡（镇）承接便民服务事项180余个，

50余个事项实现村级帮跑代办。②"一窗受理"。实现社保、医保、就业创业、存量房交易、出入境、法律服务、社会事务等板块业务窗口综合设置，公积金、企业开办、项目报建等板块业务市、区两级合署受理办理。③"一次办结"。实现企业群众办事从原来"每个部门最多跑一次"向"一件事最多跑一次"转变。目前市、县两级完成200个"一件事"事项清单梳理及"一件事"指南公布，市本级抓紧改造30个跨部门、跨层级精品事项。④"一网通办"。印发实施《德阳市2020年"一网通办"工作推进方案》，"推进政务服务事项清单标准化""推进CA数字证书运用"等12项基本任务和"高频事项可网办率100%""市本级150余个事项接入天府通办"等具体目标基本落地落效。⑤"一号呼应"。完成"12345"热线平台12条非紧急类政务服务热线整合。在已全方位整合的"12328"交通服务热线率先展开绩效考核，实现简单件受理工单办结时限由五个工作日缩减至两个工作日，不断提升群众诉求的办理能力和水平。2020年德阳市累计办理工单11万余件，满意率达99.58%。

（二）审批提速实现去烦苛

一是开展"六减行动"（减环节、减材料、减时限、减成本、减跑动、减排队），促进审批全要素大瘦身。2020年年内申请材料压减率达37.34%、提速率达84.63%，企业开办、存量房交易等高频领域办理环节减少60%以上，中介服务时间压缩40%，市本级实现178个事项"日办结"、74个事项"小时办结"、88个事项"分钟办结"，在全省率先实现企业开办全流程"零成本·小时办"，不动产登记业务实现存量房交易全流程"一小时办结"。二是推进"互联网+政务服务"。上线"德阳市民通"，2020年德阳市申请政务服务事项全程网办占比88.33%、网上受理率达80.6%，市本级实体大厅办件量同比减少75.83%，网办率同比增加56.29%，2019年网上政务服务能力第三方评估排名全省第三。三是初步构建起"异地受理、远程办理、协同联动"的跨区域审批政务服务新格局。

目前，德阳市市级层面 1 772 个事项实现全市通办，55 个事项实现成德眉资"同城化无差别"受理，34 个、38 个事项分别实现与重庆市江北区、渝北区跨省通办。同时，在县级层面，广汉与青白江、新都、彭州分别实现 70 个、49 个、49 个事项跨区通办，什邡和彭州实现 43 个事项跨区通办，广汉、中江与仁寿、安岳、金堂分别实现 68 个、70 个事项跨城通办。四是开展全周期审批服务。制定实施重点园区和属地行政审批局"直通车"服务方案，全力推行园区事项"无差别受理、网上审批、快递送达"服务机制。目前德阳市已在全市 11 个园区设立审批"直通车"服务窗口，并开发应用政企通、企企通、企金通等平台，建立 200 余个项目（企业）专属钉钉群，同时开展投资项目程代办服务。2020 年全程代办投资项目 346 个、纳入"直通车"投资项目 181 个、纳入"全生命周期"服务企业 76 家，项目协议总投资额分别达 1 328.3 亿元、608.52 亿元和 173.71 亿元。

（三）优化服务收获群众满意度

一方面，持续释放政策红利。政府为企业开办涉及的公章、财务章、法人章、发票专用章四枚首套印章买单，年均为企业节省开支约 800 万元。持续推进"免费政务快递代办惠民活动"，2020 年办理免费政务快递 8 000 余件，为企业和群众减负 8 万余元。积极协调四川省数字证书认证中心德阳分中心，已免费发放 CA 数字证书 5 500 余个，为企业减负 100 余万元。另一方面，持续强化办事体验。实施工作日下班后 1 小时内"延时办"和周末及法定节假日"预约办"两类延时服务，为老、病、残和"精英人才"等办事群体提供"一对一"的领办、帮办、代办、上门办等服务。融合"好差评"评价仪、意见箱（簿）、电话回访机制等畅通企业和群众办事意见建议反馈渠道，切实解决好服务企业和群众"最后一公里"的问题。2020 年德阳市 90 万余个审批服务办件满意率达 99.99%。

二、法治环境

（一）聚焦司法便民，强化"放管服"提质增效

一是持续深化"互联网+政务服务"。德阳市全面梳理并在省一体化平台认领了行政许可、公共服务等"最多跑一次"事项79项，推进办事标准化。结合司法行政"三级连审"特殊实际，对涉及律师（律所）、公证、司法鉴定等43类行政许可类审批事项实行全程网办，网办率占认领事项总数的54.43%。二是大力推动审批"加速度"。通过流程再造、环节压缩、服务优化等方式，将79项依申请服务事项承诺时限全面压缩为法定时限的80%。推进"容缺受理"服务，累计对26件基本条件具备、主要申请材料齐全且符合法定条件，次要条件、手续有欠缺的或确需提供原始资料核验、存档的行政审批事项实施"容缺受理"。三是扎实推进公证"最多跑一次"改革。进一步扩大公证服务事项，将无犯罪记录、亲属关系、申明、委托纳入一次性办结公证事项，并充分运用"互联网+公证"。截至目前，德阳市累计办理公证"最多跑一次"6 730件。

（二）聚焦依法行政，推进执法规范化建设

一是持续开展"减证便民"。公布保留证明事项17项，取消证明事项14项。对保留证明事项逐项列明设定依据、索要单位、开具单位、办事指南，逐步实现"清单之外无证明"的目标。二是持续强化执法监督。结合"行政执法"三项制度，定期开展行政执法案卷评查，组织行政执法人员资格认证考试，开展全市人民群众最不满意行政执法突出问题承诺整改活动，推动以严格公正文明执法规范政府监管行为。三是加强行政复议诉讼工作。坚持发挥行政复议和行政应诉在保护市场公平竞争、化解行政争议主渠道等方面的积极作用。2020年累计处理行政复议案件146件，纠正原行政行为27件。全市一审行政应诉案件78件，行政机关负责人出庭60件，出庭率达76%。

（三）聚焦公共法律服务，强化法治保障精准发力

一是深入开展法治宣传。印发《2020年德阳市普法依法治理工作要点》，把优化营商环境列为重点内容广泛宣传。坚持抓"关键少数"，市政府常务会专题开展《优化营商环境条例》学习。严格落实"谁执法谁普法"责任制，结合疫情防控、脱贫攻坚、扫黑除恶等大力开展优化营商环境法治宣传活动，截至目前，累计开展各类主题培训、集中宣传500余场次。二是创新拓展企业服务载体。筹建破产管理人协会，目前，德阳市司法局、市法院、市律协已联合完成基础文件的起草、意见征求工作。设立德阳市民营（外来）企业投诉服务工作站，为外来投资者提供法律、政策咨询服务，畅通维权渠道。在德阳市工商联（总商会）设立公共法律服务站，协助商会开展商事调解、法律体检等，维护民营企业合法权益。三是首创"三书模式"。该模式用于规范闲置农房使用权流转，入选《法治蓝皮书·四川依法治省年度报告（2020）》。"三书模式"著作权和"德农三书""中农三书"商标权实现跨省转让。截至2020年年底，德阳市通过"三书模式"办结产权交易255宗，交易金额5 200余万元。四是探索"四级三能"公共法律服务的基层实践。构建"四点四级"平台，推广"三能"随身法律服务理念，做实"三子"模式，实现服务范围全覆盖、服务方式全方位、服务群众零距离。截至目前，德阳市已基本建立起覆盖城乡、便捷高效、均等普惠的现代公共法律服务体系，为群众提供及时、便捷、高效的随身法律服务。

三、投资环境

（一）开启"投资德阳"线上服务

一是为德阳外资企业和外商投资者提供项目信息、规划投资区域、介绍合作伙伴、创造合作条件、协调各方关系，促进投资项目落成。二是及时更新解读法律法规、政策措施，方便外资企业掌握政策导向，做出决策部署。三是提供办事指南，对如何正确注册、

填报相关信息报告进行图文说明，对填报指标作出详细解释，实实在在为外资设立、变更及参加年度报告提供便利。四是开通外商投资投诉受理通道，协调处理外资企业依法提出的投诉事项。五是为外商投资企业和外国投资者发布招聘、宣传、促销、招投标等信息提供平台。

（二）编制《德阳市投资指南》（以下简称"投资指南"）

一是紧紧围绕德阳的区位优势、营商环境、产业结构、项目信息、经营成本、政策优惠等外国投资者密切关注的问题，编制投资指南。二是根据外资项目从选址到落地的各个环节，规范办事流程、制定办事指南，并在投资指南中标记重要节点和行政服务时长。三是针对德阳市外资来源的特点，制作中英文版本的投资指南供外国投资者参阅并及时更新。

（三）促进项目履约

通过梳理2019年以来的注册未到资项目和已签约落地困难的项目，并召开项目推进会、约谈企业负责人，同时结合德阳市"三比三看"活动实施重大项目领航行动，准确掌握制约外资项目推进的问题，积极协调解决。比如，针对新合投资在清洁能源领域的战略布局，为其天然气采购项目牵线搭桥，寻找上游对口合作伙伴，促成国际直接投资（FDI）；针对维达纸业希望保留原生产基地，撤销搬迁计划的实际需求，及时深入磋商，调整协议内容，追加预留用地。

（四）争取直接投资

积极争取有外资背景的在谈项目在落地时以外资企业的形式注册，挖掘掌握内外资企业股权变更、增资扩股、融资租赁意向，鼓励境外资本并购内资项目，鼓励境外上市公司以外资形式返程投资。比如，在了解到广汉川油井控装备有限公司外资并购交易意向后，德阳市及时对接企业，开展全方位全流程服务，全程代办各类手续，同时全力推动百事食品二期项目和京东西南运营结算中心后续项目以外资形式注册，从源头上促进合同外资增长。

四、外贸环境

（一）提升通关便利水平

一是积极推行"提前申报""互联网+预约通关"模式，实现7×24小时预约通关，为企业提供预约定制通关服务。二是持续推进电子支付、自报自缴、汇总征税、关税保证保险等便利化措施，全面推广海关税费电子支付系统，多举措提高通关时效。三是推广运用国际贸易单一窗口。指导企业通过国际贸易"单一窗口"实现一次性办理报关单申报、税款缴纳等通关手续，实现全程电子化，"单一窗口"主要业务申报率达100%。

（二）减负增效释放红利

一是推进"证照分离"改革，改审批制为备案制，充分为企业节省时间和成本。2020年共新增出口备案食品生产企业26家，比同期新增备案总数增加37%。二是落实税收减免政策，助力辖区内高校、企业享受科教、重装等减免税政策红利。2020年，德阳市共办理减免税293批次，同比增长39.5%。审批总货值1.33亿美元，同比增长9.9%，共减免两税1.1亿人民币，同比增加2%。三是创新搭建风控机制。整合政府、出口信保、融资性担保、银行、企业等多方资源，建立中小微企业出口风险控制及保单融资补偿机制，在降低企业出口风险的同时，为企业提供融资渠道。

（三）培育外贸发展活力

一是积极培育跨境电商产业，鼓励外贸企业设立海外仓储和海外运营中心、建立国际营销和网络服务。二是加快建设中国（四川）自由贸易试验区协同改革先行区，印发并组织实施"任务清单"，细化落实首批56项重点改革任务牵头单位、责任单位、重点实施片区。加快推进德阳国际铁路物流港保税物流中心（B型）申报和建设工作。三是壮大特色服务贸易。鼓励中国民航飞行学院和西林凤腾对外开展飞行员培训、航空设备维护检测服务，加快德阳通用航空特色服务贸易发展。支持德阳《吴哥王朝》项目成功列入

"2019—2020年度国家文化出口重点项目",推动服务贸易成为全市外贸新增长点。四是支持民营企业"走出去"。2020年,德阳市组织石油、电子等外贸骨干企业参加第12届加工贸易产品博览会、第127届广交会线上展等国际性展会。

五、市场环境

(一)促进就业与创业

一是提供"就业服务不打烊、网上招聘不停歇"的网上"就业超市"品牌服务,为用人单位和求职者提供智能匹配、远程面试、网上洽谈、签订意向用工协议等"不见面"服务。二是实施创业担保贷款"51111"工程(5年发放贷款10亿元,确保每年树立10个创业典型、实现100个就业实体扩大经营、引领和带动1万人走上致富道路),同时取消反担保门槛,将个人贷款额度提高到20万元、小微企业贷款额度提高到300万元。三是在职业资格认定中创新推行"双证书"制度,实施国家职业标准、企业技术革新需求、课程标准内容"三个对接",促进学生结业考试与职业技能鉴定考试互通衔接,对重点建设专业学生直接核发中级工职业资格证书,破格允许优秀学生报考高级工职业技能鉴定,鉴定合格直接核发高级工国家职业资格证书。该做法入选四川省第二批全面创新改革经验。

(二)优化知识产权保护

一是抓创造,促发展。2020年,德阳市授权专利4 791件,有效发明专利2 337件,有效注册商标31 021件,比2019年分别增长26%、12%、18%。二是抓保护,促提升。2020年,市场监管部门立案查办商标、专利侵权案件270件,罚没96.6万元;市文旅局查办出版物案件6件,收缴各类盗版出版物805册;市法院全年受理知识产权类案件281件,审结279件,结案率为99.29%。三是抓运用,增效益。德阳市84户企业获得银行机构发放的知识产权质押组合贷款12.56亿元。同时,2020年德阳市企业有1件专利项目获中国专利优秀奖，8件专利项目获四川专利奖，德阳品牌剑南春和来金燕获"2020中华品牌商标博览会"金奖。四是抓服务，优环境。德阳市司法局成立德阳市人民调解员协会，市商务局加强对参加线上广交会企业的提醒警示工作，市财政局兑现各类补助资金795.69万元，市发改委争取到国家服务业发展中央预算内资金1190万元，市科技局成功获得省级科技项目144个、省级资金696 316万元。

（三）强化诚信体系建设

一是试点推进街道乡镇诚信示范。全面推进农村信用主体评定，并组织金融机构制定支持优秀信用户、信用村、信用乡（镇）的优惠信贷政策和信用激励措施。截至目前，德阳市共评定诚信示范街区5条、信用农户31.43万户、信用村267个、信用乡镇17个。二是建立了信息归集共享体系。按周对行政许可、行政处罚等信用信息进行动态收集，并及时在"信用中国（四川德阳）"门户网站公开。目前平台已入库8 600余万条信用信息，可实时调用2.6亿余条信用信息。三是扎实开展重点失信领域诚信缺失专项治理。四是深入推进信用修复工作。德阳市开展信用修复培训，建设信用异议修复在线申请系统。截至目前，已为域内181家失信企业实施信用修复。五是推广信用信息应用场景。定制开发企业信用报告评价应用，通过61个指标，按周对德阳市所有企业法人进行信用评价，并将评价结果与试点金融机构共享。截至目前，德阳市已为9家企业出具深度公共信用综合评价报告，帮助企业获得信用担保6例，涉及金额1 600万元。

第二节　德阳市营商环境建设面临的挑战

营商环境是经济持续稳定增长的牵引因素。通过对标北京、上海、深圳等发达地区和省内成都、绵阳等地，德阳市的营商环境还存在较大的改善和优化空间。

一、在密集发布迭代改革方案上有差距

北京、上海、广州、深圳等沿海发达地区，以及成都等省内营商环境高地，制定的营商环境整体优化方案已迭代了多个版本，如北京、上海、成都等均已发布3.0版方案，上海、北京已着手制定4.0版方案，成都开启营商环境3.0建设，绵阳开启2.0建设。高频次迭代的方案能够紧跟世界银行、国家评价引导方向，进一步激发改革动力，推动营商环境再提升、再优化。德阳如果无动于衷、掉以轻心、动作滞缓，就会陷入更加被动的局面，错失城市转型发展和产业迭代升级的最佳窗口期。

二、在政策协同与部门联动上有差距

营商环境的改善和优化通常涉及多个部门权限的调整，以及特定文件的执行与协作，这就需要建立一个强有力的部门间的协调机制。全国15个营商环境标杆城市将优化营商环境作为"一把手"工作，成立了营商环境领导机构，设立了实体化运作的专职机构，形成了"营商环境办统筹、牵头部门主建、责任单位支撑"的协同推进机制。目前，德阳市虽已成立以市委书记、市长为"双组长"的德阳市优化营商环境工作领导小组，并设有18个指标工作专班和2个保障专班，但在政策协同和部门联动上仍存在差距：一是各部门的责任范围存在模糊、笼统，个别领域存在"踢皮球""打擦边球"及"交叉管理等于无人管理"现象；二是部门间的部分法规和文件存在冲突，执法标准不一致；三是协同共享不够，比如，德阳市虽已建立了"德阳不动产综合服务平台"，但目前只能实现自然资源、税务和住建三部门的数据互通共享，对于民政部门的户口信息以及工商部门的营业执照等信息仍无法实现共享；四是缺乏交流沟通和联动协作，部分领域在业务指导上存在解释口径不一致的现象。

三、在数字化营商环境建设上有差距

在政府服务信息化方面，上海在国内率先实现企业开办电子执照、电子印章同步发放，开启了"无纸化"创业的模式；广东省通过"单一窗口"在政企间搭建起可信的互认网络。发达地区率先开启的数字政府建设已成为推动营商环境持续优化的"先手棋"。目前，国家层面已印发实施部门数据共享责任清单，并建立了国家数据共享交换平台，面向 65 个部门、1 个省（区、市）和新疆生产建设兵团 990 余个业务系统，提供查询核验服务，全国一体化的数据共享交换平台体系基本建成。德阳市与国家、省在对接上存在滞后。在数字化营商环境监测方面，济宁市创新建设了营商环境评价监测平台和数据赋能一体化平台，该平台具有"监测""评价""研判""督查"功能，有效解决了营商环境评价公开不透明、问题反馈慢、参评部门数据更新不及时等问题；福州市建立的营商服务平台，集宏观评价、指标监测、政策推送、政企对接、统一管理为一体，形成了评价对标找差距、预测得分做规划、改革落地出成绩的管理闭环，做到了无感跟踪、无感评价、无感服务。德阳市目前在营商环境评价上还基于大量的部门人力填报和日常数据人工收集，这种方式在迎接国家、省级相关部门的评价时已显费时耗力，更何谈动态监测、反馈提升。

四、在招商引资和项目建设上有差距

一是招商引资不具备政策性优势。在我国开放政策接连落地的大背景下，各地举措频出竞相加码"稳外资"，东部发达地区相继出台力度较大的外资引进优惠政策，省政府也即将出台实施意见，明确对外资引进进行财政奖补。据了解，成都市已出台《国际中小企业招引专项资金管理暂行办法》，兑现外资企业资金奖励近 2 000 万元，而德阳市未专门出台外商投资优惠政策，激励措施还不具备比较优势。二是推进项目落地的制度设计分类细化不够。在世界银

行营商环境评估指标中,"办理建筑许可"被公认为是最难的一项,也是企业投产前面临的最大痛点之一。目前,上海、北京、广东、浙江等地逐渐转向以简易低风险和小型工程建设项目作为改革切入口,制定有针对性的改革措施。2019年,德阳市该项指标排名全省第19位;2020年一季度为第15位,两度触底。三是样本项目培育仍停留在个例。2019年,百事食品在德阳市实现从签约到开工仅74天,京东实现从签约到缴税仅61天,为其他项目树立了标杆,但仍停留在个例层面,优质项目的先行先试未全面推开。

五、在法治化营商环境建设上有差距

一是在行政执法中,简单执法、随意执法等现象仍然存在,行政执法规范化建设还需加强。二是在破产案件的处置上,德阳市虽已对标成都、温州等先进地区,与税务部门建立了破产重整纳税评价、企业所得税退税机制,但在有效解决税收滞纳金核销、破产企业非正常户状态下开票等难题上还需进一步完善。另外,德阳市适用的预重整制度案例相对较少,破产管理人协会工作也尚未全面开展。三是在合同执行上,德阳市的全域诉讼服务建设尚未完成;同时,对比执行合同指标先进城市,德阳市目前在执行中耗时较长,各级法院习惯"单打独斗",未形成"合力出击",执行效果还需进一步提升。四是在涉企公共法律服务方面,靶向有待进一步精准对焦,服务方式还需进一步深耕细作。

六、在知识产权的运用、保护上有差距

作为四川省第一的标杆城市成都,出台了《关于进一步深化高价值专利培育中心工作的实施意见》,对高价值专利进行定向培育帮扶,同时建立了成都知识产权交易中心平台,引导企业通过平台更好地实现知识产权项目的供需对接,促进知识产权转移。对标成都,德阳在知识产权的运用和保护上还存在以下差距:一是没有制定高价值专利培育和扶持政策。同时,对制定的相关知识产权扶持

政策财政保障能力弱。二是德阳市版权产业整体水平与成都差距较大，版权产业链不够完善和成熟，缺少核心版权产业，在品牌打造、市场运营方面能力欠缺。德阳市无专门的版权服务机构，版权服务工作仅由版权局承担，由于人手和专业限制，在社会服务面、服务深度、成果转化推进等方面与成都有较大差距。德阳市企业、单位对版权保护的重视程度普遍不够，版权保护力量投入、经费投入、人员配备均显不足。三是多元化解决知识产权纠纷案件少。四是知识产权大保护体制机制不完善。

七、在舆论宣传、社会监督上有差距

营商环境提升作为区域共同作用的合力成果，需要政府、社会、个人、企业全面参与。在上海，针对各项指标，各分管市领导与牵头部门均积极开展舆论宣传工作，以提升部门、企业、个人的营商环境认识。在北京，设立了社会监督员和政务服务体检员，专门对政策执行中的问题"挑刺"，督促有关部门整改。德阳市目前设立了"好差评"评价仪、意见箱（簿）、电话回访等，畅通了企业和群众办事意见建议反馈渠道，但和先进地区相比仍存在较大差距。

第三节　德阳市优化营商环境的路径思考

优化营商环境是高质量发展的内在要求和重要基础。习近平总书记在首届中国国际进口博览会开幕式上的主旨演讲中指出：营商环境只有更好，没有最好。毋庸讳言，改善和优化营商环境，是提高区域竞争力的重要"芯片"，同时也是一场长期、艰巨、系统的攻坚战。

一、以"企业体验"为根本检验标准

营商环境的好坏，作为市场主体的企业拥有丰富的经验和强有

力的发言权。要改善和优化营商环境，必须了解和熟知企业在生产经营中的"难点、痛点、堵点"，有效帮助企业解决实际困难，让企业满意、创业方便、经营无瓶颈。目前，个别地区（部门）对营商环境的考核仍然存在闭门造车的现象，没有仔细倾听企业真正需要什么。因此，营商环境的评估必须要从"政府内部考核导向"转变为"企业评估导向"，将企业的体验和感受作为评价的主要权重。同时，注重营商环境优化的企业体验，就是政府要有服务精神，用心倾听企业需求，有来有往、正向回馈，降低企业的准入门槛，提高"放管服"改革的精准度。政府部门应力求做到有求必应、无事不扰，让数据多跑、企业少跑，解放生产力、提高竞争力，打破壁垒、解决问题，让企业真真正正得到实惠。

二、在"数字化政务"上积极添活力

一是要促进政务服务从"线下"向"线上"转变。积极与国家、省对接，早日建成互联互通城市"大脑"，建立网上政务模式，推进信息汇聚、数据共享、业务协同、流程重塑，政务服务从"线下跑"向"网上办"转变，由"最多跑一次"逐步向"一次都不跑"迭代升级，构建"互联网+营商环境"的新格局。二是要促进网上政务从"能办"向"好办"转变。紧扣均等化、标准化、规范化，加强政务服务分中心和基层政务服务体系建设，着力建设3~5个基层政务服务示范点。梳理规范全市一个模板的政务服务流程和指南，打造整体政府，推动同一事项全市范围内"无差别受理、同标准办理"。三是积极筹备构建智能化营商环境无感监测平台，充分运用技术手段，注重在动态监测的实践中优化营商环境。

三、在"招商引资"上鲜明亮优势

一是突出信息增量。定期筹备中外知名企业四川行活动，办好重点产业专精特新推介活动，精心包装推出重大产业项目，让外商投资者"看单点菜"。全面推行中介招商、投资顾问招商，大力开展以商招商、网络招商，运用大数据招商平台，加强与大型基金机构、行业商协会等的沟通联系，进一步拓宽招商信息来源，提高招商精准度和有效性。二是进一步降低企业的准入门槛和疏扩企业的准营瓶颈，尤其是在"有效投资、战略性新兴产业、创新平台、开放平台、开放口岸、改革试点、新型金融、产城融合引领性项目产业发展基金"等方面增加有效的要素供给。三是完善配套激励政策。借省政府出台进一步做好利用外资工作的实施意见之机，配套出台包括资金支持在内的吸引外国投资者和外商投资企业的优惠政策，重点做好投资促进和投资保护方面的改革创新，最大限度释放政策红利，吸引鼓励境外投资者持续扩大在德阳市的投资。

四、在"项目推进"上努力筑坦途

一是要强化分类细化，推进项目落地。建立针对小型、简易项目的快捷审批机制和基于风险的监管体系，探索将社会投资简易低风险工程建设项目的改革措施应用到其他社会投资和政府投资的工程建设项目。二是要强化样本项目培育。要积极挑选优质项目先行先试，全面推行"区域评估+承诺制"改革，即园区项目按照"拿地即开工"目标进行重点培育。三是实行项目专班行动。成立外资项目专班，坚持以"项目落地"为导向，按约兑现优惠政策和承诺事项，完善供地等要素协调保障机制，突破项目前期推进、报建审批等方面的制约瓶颈，促进项目早日开工，提升合同外资到资率。主动深入项目一线，全力保障要素供给，凝聚合力、倒排工期，助力企业如期建设，确保项目履约率、开工率、资金到位率达标。

五、在"厉行法治"上铸就最硬"软实力"

在营商环境的打造上，过去往往通过减税让利，拼资源、拼政策、拼优惠，在一定时期换得国内外企业投资者的青睐。在新时期，我们更需要通过法治思维，运用法治手段，用拼服务、拼信用、拼环境来营造对企业具有旷日持久吸引力的营商环境。一是加大行政执法监督力度，重点突出企业关注的执法领域。加强涉企行政复议案件办理，推动行政机关负责人出庭应诉并坚决执行法院生效判决，严格执行行政执法人员资格管理和持证上岗制度，切实提升各级干部的依法行政能力。加快将"三书"模式引入行政执法领域探索的步伐，打造可复制可借鉴的德阳模式。二是破产案件的处置办理，同税务部门协作落实破产重整纳税评价、企业所得税退税机制，有效解决税收滞纳金核销、破产企业非正常户状态下开票等难题；培育有条件的预重整案例，推动落实预重整制度的实践运用；推进破产管理人协会工作的开展。三是在合同执行上要加强推进全域诉服工作，打破全市法院之间的"服务""数据"壁垒，提供全市跨区域立案、送达、查询、缴费、生效证明开具，预约法官等诉讼服务，实现"一脸通办、一网通办、全市通办"，为群众提供更加高效、便捷的司法服务。四是在涉企公共法律服务上，加快德阳市知识产权公证中心、人民调解协会等服务平台建设，同时主动置身于成德同城化发展中，打造成德公共法律服务同城化特色产品，为更好地服务成德同城化融入成渝经济圈贡献力量。

六、在"知识产权保护、运用"上下真功夫

一是适时出台相关文件，明确德阳对高价值专利培育的扶持政策和目标。二是进一步落实国家、省示范或优势企业、企业知识产权贯标等财政奖补政策的兑现。三是建立成都知识产权交易中心德阳服务中心的网上平台。四是加大对版权产业的重视程度，科学制定德阳版权发展目标；充分利用德阳特色资源和历史文化优势，提升版权产品的内涵和质量；推动搭建版权产业展示教育服务平台，培育德阳市版权服务、版权交易机构，采取有效措施提高资源整合和价值转化能力。五是拓展知识产权纠纷解决渠道，探索知识产权纠纷仲调、诉调对接机制。六是拟订德阳市强化知识产权保护实施方案推进计划；探索行、刑、司、检大保护、快保护、大协作、大衔接机制。

七、在"舆论宣传"上破解同质化与形式化

一是将优化营商环境宣传推介纳入宣传工作重点,提高相关政策对各类市场主体的覆盖面和可及性。二是结合营商环境改革重要节点,突出政策解读、案例效果、典型事迹等主题,组织开展形式多样、生动活泼的常态化宣传活动,强化宣传效果。三是把营商环境宣传与收集市场评价结合起来,在"12345"政务热线增设营商环境投诉专席,形成政策推广与政策完善的良性互动。四是定期召开优化营商环境新闻发布会,举办营商环境建设沙龙、政企对话等活动,不断提升企业满意度、获得感。

参考文献

[1] 宋大伟. 新阶段我国战略性新兴产业发展思考 [J]. 中国科学院院刊, 2021 (3).

[2] 方儒林, 何福荣, 卞然. 成都发展战略性新兴产业的战略和路径研究 [J]. 中国城市经济, 2011 (18).

[3] 肖峰, 李登万, 任彦柳. 地方战略性新兴产业发展研究: 以德阳为例 [J]. 四川省工程职业技术学院学报, 2012 (2).

[4] 陆丽娜, 胡峰, 刘媛. 战略性新兴产业集群梯度差异与协同发展 [J]. 科技管理研究, 2019 (20).

[5] 胡艳. 中小企业建立公共实验室的构想 [J]. 标准化报道, 2020 (4).

[6] 陈俊先. 如何利用供应链金融缓解小微企业的融资难题 [J]. 中外企业家, 2020 (1).

[7] 汪晓文, 李明. 新时代我国农业高质量发展战略论纲 [J]. 改革与战略, 2020 (1).

[8] 乔玉芬. 乡村振兴背景下农业经济发展问题研究 [J]. 中国集体经济, 2020 (10).

[9] 黄让. 新时期推动我国农业高质量发展的对策建议 [J]. 农业经济, 2021 (1).

[10] 高强. "十四五" 时期农业农村现代化的战略重点与政策取向 [J]. 中州学刊, 2020 (12).

[11] 张羽. 粤港澳大湾区产业协同发展研究 [D]. 大连: 大连海事大学, 2020.

[12] 叶堂林, 申建军. 完善京津冀产业协同创新链 [J]. 北京观察, 2021, 4 (4): 44-45.